尋找投資護城河

擴大獲利的選股祕訣

帕特‧多爾西
Pat Dorsey 著

洪慧芳 譯

The Little Book
That Builds Wealth

The Knockout Formula
for Finding Great Investment

財信出版

目錄

序一

丁予嘉
國票綜合證券董事長

　　2001 年，英國科學促進協會（British Association for the Advancement of Science, BAAS）作了一個有趣的實驗：找了三位參試者，資深分析師、金融占星師及一位四歲的小女孩，每人給五千英鎊，任選英國百大企業投資，除二位「專業」人士外，小女孩是以隨機撿起從高處撒落的一百張寫著百大企業的小紙片中的四張，一年後檢視績效：整體市場下跌了 16%，而投資專家的投資組合賠了 46.2%，金融占星家也賠 6.2%，而小女孩呢？她隨機撿起四張小紙片的投資組合績效卻是獲利 5.8%。同樣的故事還有瑞典一隻名為「奧拉」的黑猩猩，以射飛鏢的方式選股（斯德哥爾摩證交所之掛牌公司）擊敗其餘的五位資深投資人。《華爾街日報》也作過類似飛鏢的實驗，結果也是飛鏢選股的績效通常比較好。

　　這麼說來，不就表示「運氣」才是決定投資績效的關鍵嗎？當然不是，否則投資人就在家裡擺個鏢靶，每天射飛鏢就好了，那可能失業率又要再創新高了。

　　投資股市當然有方法，上述三個實驗只是告訴大家，當你用了似是而非或是不適合的選股「祕笈」，那倒不如去請四歲的小女孩或是黑猩猩幫你選股好了！

　　在《尋找投資護城河》一書裡，提供了挑選「真正」好股票的準則：真正的「競爭優勢」或「經濟護城河」，作者認為競爭優勢是來自結構性的，其中包含有：無形資產、轉換成本、網絡效應及成本優勢。

　　當然要找到「真正的護城河」就是要把大家認為的核心競爭力但卻無法創造長期優勢的表面（或短暫）優勢去除掉，書中提到媒體經常炒作的議題，如優異商品、高市占率、卓越執行力及傑出的管理者等特質，都只是通用原則，並不是建立「真正的護城河」的終極要素，書中更以道瓊工業指數成份股之知名大公司為例去分析是否具備真正的競爭優勢，對讀者在觀念上之釐清應有很大的幫助與啟發。

　　2008 年，全球遭逢「金融海嘯」，各國家、產業幾乎無一倖免，這樣的情況究竟還會繼續低迷多久或什麼時候開始復甦，各方專家也是意見分歧，若未待日後重新檢視，沒有

人能夠確切知道，然而市場的不變法則：「大崩跌，就是財富重分配的大機會」，趁著難得的大回檔後，好好檢視哪些公司是具備「真正的護城河」且又物超所值，這些股票可能在下次財富重分配時，幫你賺到第一桶金，而《尋找投資護城河》這本書就以深入淺出的方式提供了投資人簡單、明確的方法了。

　　我極力推薦這本書。

序二

沈中華
台灣大學財務金融學系教授

　　雖然教人投資理財的書很多，但總覺得這些書簡化了財金世界得複雜性，它們所推薦的選股策略並不差，但就是將世界看得太簡單了，例如只要投資三高或三低的股票即可賺大錢，或者書中對報酬及風險不對稱處理，放大報酬，縮小風險。我在許多演講說：如果投資這麼容易找到規則，則人人只要按表操課，就可賺大錢，如此第一個賺大錢的人應就是這些書的作者，而按表操課的大部分投資人也應賺大錢，但事實上，我看到及聽到的投資人卻常虧錢，為什麼呢？

　　原因很簡單，首先，是世界上有太多不可預測的事件，特別是以前不可測的事較少，現在不可測的事太多，且頻率上升，甚至使原則出現的次數比例外還少，但例外卻沒形成一個新的原則。以這次金融海嘯為例，大家說這一波房地產

價格下跌得又急又猛，完全出人意料之外，這就是不可測的事，它出現又急又猛又巨大，使所有規則均不適用。其次，這些書較少談總經風險、系統風險等，而較集中在公司分析。最近許多人均說：金融事件讓我們感覺到總經的重要，就表示只分析公司是無法了解股票。第三，對部分公司而言，它的公司財報僅供參考，且是過去的營運結果，如果只看財務比率並不會了解公司的「未來」。綜合上述，所以靠理財投資賺錢並不容易，必須努力用功，與正確判斷。

然而要努力什麼？判斷什麼？我以前學溜冰，最討厭別人說：多溜就會了。學唱歌，當然也不是多唱就會了，如果真是如此，則滿街都是關穎珊或蕭敬騰，所以我也很討厭自己對別人說：多努力就會了，我比較相信學一些新事物，要有個方法或步驟！當然，如果學習的目的不同，如只是為休閒，則當然另當別論。

本書還不錯的是它提了一些想法，這些想法有一些方法及步驟，但如果真正要照做，其實滿累的，且資訊與知識要很充足，雖然一般人恐怕做不到，但可以參考一下它的說法。

本書發明一個名詞：護城河，而投資人長期投資時，應該鎖定經濟護城河較寬的公司，這些公司可以長期提供超額

報酬。我一開始不懂這是什麼意思，覺得又有人創造一大堆新名詞，不知要否花時間了解它，但當心平氣和唸它之後，覺得還有一些道理，護城河指的是不論是用哪一種方法（當然是合法）進行，原有公司一定要全力阻止別家公司追上來，強調的是長期。

本書作者指出下列四點均不是護城河，但別人卻會誤以為是的看法：優異商品、龐大市占率、卓越執行力、傑出管理者。這種說法頗有趣，令我也多看一下它的推理。

本書說優異的商品一定可以拉抬短期績效，但通常無法形成護城河。例如，1980 年代克萊斯勒推出第一台迷你廂型車，而那幾年他們就靠此發明數鈔票數到手軟。但是它並沒有結構性特質可以防堵其他公司來分一杯羹，所以其他公司都儘速搶進迷你廂型車市場，它的利基很快消失了，即沒有護城河！

相同理由，市占率高的公司也未必有持久性競爭優勢，即可能沒有護城河，它當然也有一定優勢，不然它怎麼能獲得那麼大的市占率？但歷史告訴我們，在競爭激烈的市場中，市占率可能一下子就成為過往雲煙，例如，柯達、IBM、網景、通用汽車、Corel（文書處理軟體）都是例子。而 Corel 是我在美國唸書常用的軟體，那時 Word 是所有軟體

之一，但如今Corel已不再了。

　　所以有優異的商品仍不夠，仍要有專利、技術領先……重點即是阻止別人加入，否則競爭對手很快就會搶進市場，侵蝕利潤。本書的重點即是不但要獲利且要持久獲利，而持久獲利即是要有方法不讓別人跟上，例如，R&D領先，專利、獨占權等，這些即是所謂護城河，有護城河才值得投資。所以投資人應投資一家公司不但目前領先，且能在未來持續領先，讓別人無法追上來，而這就是它所謂的護城河。

　　正如我所說，我同意這些觀念很棒，令我耳目一新，但真要判斷一家公司能否持續領先並不容易，投資人要有多少設備及資源才能自行判斷？而更細微清楚的標準何在？沒有更更更清楚的判斷方式，則一切又成為空談！本書輕描淡寫並未詳細交代這一部分，其實誰也知道那是它的know how，當然恕不公開。但國內一些投信或投顧其實可以以本書為基礎，研發投資，造福投資人。

序三

喬伊・蒙修耶托
晨星公司創辦人、董事長暨執行長

　　1984年，我創立晨星公司，目的是想幫助散戶投資共同基金。當時只有一些財金刊物刊載投資績效的資料，我覺得以實惠的價格提供法人級的資訊，可以滿足這方面日益增加的需求。

　　不過，我還有另一個目標，我想打造一個有「經濟護城河」的事業。「經濟護城河」一詞是巴菲特自創的，是指幫公司防禦競爭對手的持久優勢，就好像護城河保護城堡那樣。1980年代初期，我發現巴菲特這號人物，開始研究波克夏海瑟威公司（Berkshire Hathaway）的年報，巴菲特在年報中解釋護城河的概念，我覺得我可以用這個觀點來打造事業。經濟護城河對我來說實在太有道理了，所以這項概念也變成我們公司營運與分析股票時的基礎。

我創辦晨星公司時，可以看出市場對我們有明顯的需求，不過我也想打造有護城河防護的事業。如果只能眼睜睜地看著競爭對手搶走顧客，那又何必投入時間、資金與心力？

我想打造的是競爭對手難以模仿的事業，我希望晨星的經濟護城河包含大家信賴的品牌、大量的財務資料庫、獨家分析、大規模又專業的分析師陣容、忠誠度高又龐大的客群。於是我以自身的投資背景、頗有護城河潛力的商業模式，在市場需求日增下，踏上創業之路。

過去23年來，晨星的成果豐碩，如今年營收逾四億，獲利非凡。我們努力鞏固護城河，讓它變得更寬更深，每次事業上有新的投資時，我們總是謹記著這些目標。

不過，護城河也是晨星公司分析股票投資的基礎，我們覺得投資人長期投資時，應該鎖定經濟護城河較寬的公司，這些公司可以長期提供超額報酬（股價上漲而獲得的績優報酬）。另外還有一項優點：這些股票可以買進持有久一些，降低交易成本，所以護城河寬廣的公司是投資組合的絕佳標的。

很多人的投資方式是：「我姊夫建議這檔股票」或「我在《錢》（Money）雜誌上看到相關報導」。每天股價的起起

伏伏以及股市名嘴對短線市場波動的評論也容易讓投資人分心。投資人最好能有概念化的標準,幫忙評估股票及建立合理的投資組合,這就是護城河重要的地方。

護城河的概念雖由巴菲特提出,但我們又進一步將它發揚光大。我們找出護城河的常見屬性(例如高轉換成本與規模經濟),並為這些屬性提供完整的分析。雖然投資仍有其難以捉摸的巧妙之處,但我們把辨識公司護城河變成一項更科學的技巧。

護城河是晨星股票評等的關鍵要素,我們有一百多位股市分析師,追蹤百大產業的兩千多家上市公司。有兩大因素決定我們的評等:(1)公平價值的折價水準;(2)公司護城河的規模。每位分析師都會建構詳盡的現金流量折現模型,以算出公司的公平價值,然後再根據你即將從本書學到的技巧,給那家公司一個護城河評等:寬廣、狹窄、沒有。公平價值的折價程度愈大、護城河愈寬時,晨星股票的星號評等也就愈高。

有護城河的公司是我們找尋的目標,但我們想以公平價值的大幅折價水準買進,巴菲特、奧克馬基金(Oakmark Funds)的比爾‧奈格倫(Bill Nygren)、長葉基金(Longleaf Funds)的梅森‧霍金斯(Mason Hawkins)等投

資界的傳奇人物都是這麼做的。一直以來晨星也是把這套投資方法套用在多種不同的公司上。

我們追蹤的公司類別多元，所以對於哪些特質可為公司帶來持久的競爭優勢，我們有與眾不同的觀點。我們的股市分析師常為護城河與同業辯論，也為護城河評等向資深同仁辯解。護城河是晨星的一大重要文化，也是我們分析報告的主軸。

晨星的股市研究部主任多爾西整理了我們的共同經驗，在本書中和讀者分享，他帶領讀者一窺晨星評估公司的思考流程。

多爾西是開發我們股票研究與經濟護城河評等模式的一大功臣，他非常精明、見聞廣博、資歷豐富，我們也很幸運有多爾西這樣說寫俱佳的頂尖溝通人才（大家可以在電視上經常看到他）。讀者等會兒就會發現，多爾西擅長以清楚逗趣的方式說明投資理論。

多爾西會在後續的章節中說明，為什麼我們認為根據公司的經濟護城河做投資決策，是非常精明的長期投資方式。更重要的是，他會教你如何運用這個方法創造財富。你將會學到如何找出有護城河的公司，學會判斷股票價值的工具，這些都將以非常淺顯易懂的方式呈現。

本書中，我們會研究擁有寬廣護城河的公司如何長期創造續優獲利，藉此帶大家了解護城河的經濟威力。缺乏護城河的企業通常長期而言並無法為股東創造價值。

我們的首席股市分析師黑伍‧凱利（Haywood Kelly）以及散戶事業處處長凱薩琳‧歐黛柏（Catherine Odelbo）也是開發晨星股票研究模式的重要功臣，每天為大眾提供優質護城河分析的全體股市分析師亦功不可沒。

本書內容精簡扼要，仔細研讀必能為精明的投資決策奠定扎實的基礎。祝大家投資順利，也希望大家都喜歡這本小書。

謝辭

　　每本書都是團隊合作的成果，本書也不例外。

　　我很幸運能和一群天資聰穎的分析師共事，沒有他們，我不會對投資有那麼充分的了解。晨星的股市分析師爲本書增色不少，他們幫我確定我以貼切的例子說明特定的觀點。能和那麼優秀的同仁共事眞是三生有幸，他們讓上班變成一大樂事。

　　我要特別感謝晨星的首席股市分析師黑伍‧凱利爲本書的編輯過程提供寶貴的意見，也感謝他多年前招募我進晨星。我也很感激股市分析部的主任海瑟‧布里恩特（Heather Brilliant）在我撰寫本書期間迅速幫我扛起管理職責。另外還有克里斯‧坎陀（Chris Cantore）幫我把想法轉換成圖型，凱倫‧瓦勒斯（Karen Wallace）幫我潤飾文稿，莫林‧

達倫（Maureen Dahlen）與莎拉‧莫辛格（Sara Mersinger）幫我追蹤出版進度，謝謝這四位朋友的幫助。

　　證券分析處總裁凱薩琳‧歐黛柏領導晨星的證券分析事業亦功不可沒。當然，我也要感謝晨星的創辦人喬伊‧蒙修耶托打造這家永遠以投資人爲重的頂尖企業。喬伊，謝謝你。

　　不過，我最要感謝的還是我的太太凱瑟琳，她的關愛與支持是我最珍貴的資產，謝謝她和我們的雙胞胎小班與小愛天天爲我帶來喜樂。

前言
投資方法

　　股市中獲利的方法千千百百種，你可以學華爾街那一套，密切注意趨勢，猜哪家公司的每季盈餘會超乎預期，但你會碰到許多競爭對手。你也可以買進線型看漲或超級成長股，但這會碰到其他買家不願以更高價買進你手中持股的風險。你可以完全不管標的事業的體質，買進股價超低的股票，但是這些股票的後市可能大幅反彈，也可能直接下市。

　　或者，你可以用合理價買進績優股，讓那些公司長期幫你獲利。令人意外的是，雖然一些全球最優秀的投資人也是運用這種策略（其中巴菲特最廣為人知），但採取這種策略的基金經理人並不是那麼多。

　　落實這項策略的投資方法很簡單：

1. 找出可以多年產生卓越獲利的事業。

2. 等這些事業的股價跌到內在價值以下時買進。

3. 持有股票直到事業惡化、股價超過公平價值、或找到更好的投資標的為止。這段持有期間應該以年為單位，而非以月為單位。

4. 必要時重複進行。

　　本書主要是談第一步驟：找出具有長期潛力的績優股。如果你可以做到這點，就已經贏過大多數的投資人了。本書後面會說明評價股票的祕訣，在你想賣股與轉往下個投資機會時，為你提供相關的指南。

　　為什麼找出可以多年創造高獲利的事業那麼重要？為了回答這個問題，我們先退一步思考公司的目的。公司的目的是向投資人籌募資金，然後為這筆資金提供報酬。公司其實只是籌資，投資產品或服務，然後再回吐資本的龐大機器。吐出的資本比原先吸納的多，就是經營良好的事業；比原先吸納的少，就是經營不善的事業。能夠長期產生高資本報酬率的公司可以讓財富迅速增值＊。

＊ 註：資本報酬率是公司獲利的最佳標準，它衡量公司運用所有資產（工廠、人力、投資）為股東獲利的效率。你也可以用共同基金經理人創造報酬的方

　　不過，能達到這種境界的公司並不常見，因為高資本報酬率就像蜂蜜會招引蜜蜂一樣，會吸引競爭對手投入。畢竟，資本主義就是這樣運作的，資金會往預期報酬率最高的領域流動，所以競爭對手眼見獲利豐厚的公司，就會馬上跑來分一杯羹。

　　一般而言，資本報酬率有所謂「均數復歸」（mean-reverting）的特質。換句話說，報酬率高的公司會吸引競爭對手加入，使報酬率持續遞減。報酬率低的公司隨著自己轉進新事業或競爭對手的退出，報酬會逐漸改善。

　　不過，有些公司可以抵禦競爭對手的長期進攻，他們是幫你穩固投資組合的財富增值機器。例如，安海斯－布希（Anheuser-Busch）、甲骨文（Oracle）、嬌生等公司，他們的獲利都很好，多年來面臨激烈的競爭威脅，依舊提供很高的資本報酬率。或許他們只是運氣好，也或許（比較有可能是）這些公司具有多數公司所欠缺的一些特質。

　　如何找出這類不僅目前表現優異，長遠未來也可能一樣卓越的公司？你應該針對打算投資的公司，提出一個看似簡

式來思考，只不過公司的管理者是把資金投入專案與產品中，而不是投資股票與債券。第二章會深入探討資本報酬率。

單的問題：「什麼原因阻止財務穩健的精明對手進軍這家公司的領域？」

　　為了回答這個問題，你需要尋找特定的結構特質，亦即所謂的競爭優勢或經濟護城河。就像中世紀城堡的四周有護城河防範攻擊一樣，經濟護城河也為全球頂尖企業保護高資本報酬率。如果你可以找到有護城河的公司，又能以合理價格買進持股，就可以打造由績優股組成的投資組合，大幅提高你在股市中獲利的機會。

　　所以護城河有什麼特別的地方？那是我們第一章要探討的主題。第二章中，我會教大家如何觀察虛假的正面訊號，亦即大家常以為會提供競爭優勢，但其實並沒有那麼可靠的公司特質。接著我們會以好幾個章節探討經濟護城河的來源，那些是讓公司真正產生競爭優勢的特質，我們會花很多時間好好說明。

　　以上是本書的前半部內容。了解經濟護城河以後，我會接著說明如何辨識護城河受蝕、產業結構在創造競爭優勢中所扮演的要角、以及管理高層如何創造（與毀壞）護城河。之後再以個案研究，把競爭分析套用到一些知名的企業上。另外，我也會概要說明評價的方法，因為公司的護城河再寬，付太多錢買進持股都是糟糕的投資。

第一章 經濟護城河

何謂經濟護城河？
它如何幫你挑選績優股？

大部分的人都覺得多付點錢買進較耐用的東西是常識。從廚房用品到汽車與房子，比較經久耐用的東西通常可以要求比較高的價格，因為多用幾年可抵銷一開始多付的成本，例如本田汽車比起亞（Kia）的售價高，品牌工具比街角五金行賣的工具貴。

同樣的道理也適用在股市上，持久的公司（亦即具有強大競爭優勢的公司）比毫無競爭優勢、幾個月內就可能由盛轉衰的公司更有價值。這是你身為投資人應該重視經濟護城河的最大理由：有護城河的公司比沒護城河的公司更有價值。所以，如果你能找出哪家公司有經濟護城河，你只會花錢買進真正值得投資的股票。

想了解護城河為什麼會增加公司的價值，我們來思考決定股票價值的因素。每張股票讓投資人持有該公司一小部分的擁有權。就好像公寓的價值等於承租者將來付的房租現值、扣除維修費用一樣，公司的價值等於我們預期公司存在期間所產生的現金流量現值*，扣除公司為了營運與擴充事業

＊註：計算現值時，我們是根據現金流量的產生時點與確定性，來調整未來現金流量的總和。現有的一元比未來的一元更有價值，未來確定可以收到的現金比不確定收得到的現金流量更有價值。我會在第十二、十三章中說明一些基本的評價原則，如果你現在還不明白，不用擔心。

所支付的費用。

我們來比較兩家公司,他們的成長速度相同,都以等量資金創造等量的現金。其中一家公司有經濟護城河,應該可以把那些現金流量以較高的投資報酬率再投資十年左右。另一家公司沒有護城河,那表示競爭對手搶進市場時,它的資本報酬率可能迅速下滑。

有護城河的公司如今價值較高,因為它能產生獲利的時間較長。買進有護城河的公司股票時,你是買進多年免受競爭對手威脅的連串現金流量。就好像花多一點錢買可以開十年的車子,而不是買開幾年就故障的破銅爛鐵一樣。

圖1.1中,橫軸代表時間,縱軸代表資本報酬率,你可

圖1.1　有經濟護城河的公司 vs. 無經濟護城河的公司

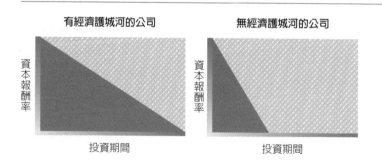

以看到左邊的公司（有經濟護城河的公司）資本報酬率是長期慢慢下滑，因為他們可以抵禦競爭對手的時間較久。右邊無護城河的公司必須面對激烈的競爭，所以資本報酬率下滑較快。暗色區域代表公司產生的經濟總值，你可以看到有護城河的公司創造的經濟總值多出許多。

所以對投資人來說，護城河之所以重要，有一大原因是它們可以增加公司的價值。找出護城河可以幫你有效選股，並判斷該以什麼價格買進。

護城河之所以重要，原因有很多

為什麼護城河是選股流程中的關鍵，還有什麼其他的原因？

考慮護城河可以幫你從多方面保護投入的資本，讓你比較不可能為了競爭優勢不穩的熱門公司支付過高的買價。高資本報酬率終究都會因競爭而消逝，對多數公司（與其投資人）來說，那個消逝的過程既迅速又痛苦。

想想那些一度熱門的青少年用品零售商，如今品牌乏人問津，或是某些迅速成長的科技公司，在其他公司推出更棒

的產品後，他們的競爭優勢即迅速消失。我們很容易就被豐厚的利潤與迅速的成長所吸引，但眞正重要的是那些豐厚利潤的**存續期間**。護城河爲我們提供一套架構，幫我們區分曇花一現與基業長青的企業。

另外，如果你對護城河做出正確的判斷，投資大幅虧損的機率也會大減。有護城河的公司比較可能長期穩定地提高內在價值，所以如果你事後發現買進價格有點偏高，內在價值的成長可以保障投資報酬。沒有護城河的公司面對競爭紛至沓來，內在價值比較可能驟降，所以你願意爲它支付的買價也比較低。

有護城河的股票也比較可能從低迷中反彈，因爲有結構性競爭優勢爲後盾的公司，比較可能從一時的困境中重振雄風。以可口可樂幾年前推出的新可樂（New Coke）及最近推出的C2爲例，這些產品都慘遭滑鐵盧，爲公司帶來大額虧損，不過由於可口可樂有核心品牌做爲後盾，這兩項錯誤都沒有讓公司因此一蹶不振。

可口可樂也很慢才察覺到，消費者的偏好有轉向飲用水與果汁等非碳酸飲料的趨勢，這也是他們過去幾年成長緩慢的原因。不過，由於可口可樂掌握配銷通路，它透過通路推

出達薩尼（Dasani）瓶裝水及其他新收購的非碳酸飲料品牌後，便設法挽回了一些頹勢。

我們也可以回顧本世紀初麥當勞遇到的問題。速食業是極其競爭的產業，所以大家可能會覺得放任顧客服務惡化，未能跟上消費者多變口味的公司應該完了。事實上，2002 與 2003 年，商業媒體就是這樣描述麥當勞的狀況，但是麥當勞的經典品牌與龐大規模，讓它得以用無護城河的連鎖餐廳所辦不到的方式，重新整頓事業，重現往日風采。

對想要以合理價買進績優股的投資人來說，有護城河的公司容易從頹勢反彈，這是一種很強大的心理後盾，因為績優股只有在出事時才會跌到好價格。如果你在股價變便宜以前就分析公司的護城河（亦即在新聞標題由好轉壞之前），你可以更清楚判斷公司面臨的問題是暫時的、還是絕望的。

護城河也可以幫你界定所謂的「能力範圍」（circle of competence）。多數投資人只投資他們熟悉的領域（例如金融股或科技類股），而非廣泛投資時，投資績效通常比較好。與其當一群產業的專家，何不鑽研有競爭優勢的公司，不分其所屬產業。如此一來，你可以把龐大的投資範圍縮小成你比較了解的績優股群組。

你很幸運，因爲本書的目的就是要教你這些技巧：讓你成爲辨識經濟護城河的專家。如果你可以看出別人看不出的護城河，就可以用優惠的價格買進未來的績優股。而且，如果你可以看出無護城河事業的股價中，已反映誤判的持久性競爭優勢，你就可以迴避這些可能破壞你投資組合獲利績效的股票。

結語

1. 買進一張股票表示你持有事業的一小部分（好吧，是極小部分）。

2. 事業的價值等於它未來產生的所有現金。

3. 就今天的價值來看，可長期產生獲利的事業比只能短期獲利的事業更有價值。

4. 資本報酬率是判斷公司獲利的最好方法，它是衡量公司用投資人的資金產生報酬的能力。

5. 經濟護城河可以幫公司抵禦競爭，讓他們長期獲利更多，因此對投資人來說更有價值。

第二章

誤判的護城河

不要被虛幻的競爭優勢所騙了

投資界有句謠言是這麼說的：「賭騎師，而非賭馬。」這個概念是說，管理團隊的素質比事業的體質來得重要。我想這句話用在賽馬上可能有道理，畢竟參賽的馬匹原本就是養來訓練快跑的，所以馬與馬之間的競爭比較沒有太大的差異。我這麼講可能不太準，因為我沒看過賽馬，但我想騾子和矮種馬並不會和純種馬一起比賽。

商業界則不同。在股市中，騾子與矮種馬的確是和純種馬一起較量的。全球最棒的管理者如果掌權幾週就得下台，他也無法展現多少實力。相反的，經驗不足的騎師騎上贏過肯塔基大賽馬的馬匹，也可能贏過一般的騎師。身為投資人，你的任務是把焦點放在馬匹上，而非騎師。

為什麼？因為護城河最重要的特質是：它們是可能持續多年的事業結構性特質，不是競爭對手可以輕易模仿的。

護城河比較不受管理卓越度的影響，也就是說，公司怎麼玩手上的牌，還沒有一開始拿到的牌色來得重要。更進一步地說，如果最棒的撲克牌高手是拿到一對牌，他也沒什麼機會贏過拿同花順的普通業餘玩家。

有時候精明的策略雖然可以在經營困難的產業中創造競爭優勢（例如戴爾或西南航空），但市場上有個殘酷的事實：有些企業在結構上就是比其他企業好。製藥廠或銀行即

使管理不當，他們的長期資本報酬率還是比最好的煉油廠或汽車零件公司好，牛牽到哪裡還是牛。

華爾街通常過於重視短期績效，很容易讓人把短暫的好消息和長期競爭優勢的特質混淆在一起。

根據我的經驗，最常見的「誤判護城河」是**優異商品、龐大市占率、卓越執行力、傑出管理者**。這四項陷阱可能讓人誤以為公司有護城河，很可能事實並非如此。

是護城河？還是陷阱？

優異的商品一定可以拉抬短期績效，但通常無法形成護城河。例如，1980 年代克萊斯勒推出第一台迷你廂型車，往後幾年他們就好像擁有印鈔機一樣。當然，在難以產生豐厚利潤的產業中，克萊斯勒的競爭對手不可能沒發現這項產品創造的佳績，他們全都推出自己的迷你廂型車，汽車製造業並沒有結構性特質可以防堵其他公司來分一杯羹，所以他們都儘速搶進迷你廂型車市場。

在克萊斯勒推出迷你廂型車不久，小型汽車零件供應商建泰公司（Gentex）推出自動調光後視鏡。汽車零件業的競

爭狀況和汽車業一樣激烈，但建泰■■■後視鏡申請了多項專利，所以其他公司無法與之競■■■■建泰帶來多年的豐厚利潤，即使已推出這種鏡子20年，如今依舊有20%的資本報酬率。

　　這裡要再次強調：除非公司有經濟護城河保障事業，否則競爭對手很快就會搶進市場，侵蝕利潤。華爾街上多的是一堆迅速由盛轉衰的公司殘骸。

　　還記得脆奶油甜甜圈公司（Krispy Kreme）嗎？他們有很棒的甜甜圈，但沒有經濟護城河，消費者可能輕易改買其他品牌的甜甜圈，或縮減他們的甜甜圈消費（這是我學到的慘痛教訓）。湯米席爾菲格（Tommy Hilfiger）也是一例，這品牌的服飾紅了好幾年，但過於積極的配銷通路損及它的品牌光環，結果湯米的衣服淪落到清倉拍賣場，公司的財務急轉直下。當然，Pets.com、eToy，還有其他已經成為網路泡沫歷史的電子商務網站也是如此。

　　最近，乙醇風潮是另一個發人深省的例子。2006年，原油價格高漲、煉油產能不足、石油標準改變、玉米大豐收（乙醇的主要原料），這些事件結合在一起，為獲利最好的乙醇製造商創造35%的營業毛利，也為多數業者帶來扎實的利潤。華爾街把乙醇捧為下一個重要能源，有些投資人認為

乙醇類股有持久的高獲利，其實乙醇就是典型的無護城河事業，它是沒有競爭優勢的大宗物資產業（甚至連經濟規模都沒有，因為龐大的乙醇廠反而有成本劣勢，必須有更大的玉米田採收玉米，這反而讓原料成本大增。此外，產出後的殘渣也需要處理，會消耗許多天然氣）。這樣你就可以猜出後來怎麼了。

一年後，原油價格仍高，美國的煉油產能依舊不足，但玉米價格飆漲，煉油廠改換新的石油標準，更多的乙醇製造商加入市場，結果所有乙醇製造商的營業毛利都下滑了，某家大型廠商的營業毛利甚至是負的。**在沒有經濟護城河下，公司的財務狀況可能急速惡化。**

不過持平而論，公司的確偶爾也可能把熱門商品或服務轉變成經濟護城河，漢森自然公司（Hansen Natural）就是一例。他們推出的怪獸（Monster）能量飲料在本世紀初爆紅，漢森並未因此滿足於現狀，而是利用怪獸的成功，和飲料界的巨擘安海斯－布希簽署長期的配銷協定，讓它在能量飲料市場中比競爭對手更具優勢。

現在想和怪獸飲料競爭的公司都需要克服漢森的配銷優勢，沒人能辦到嗎？當然不是，百事可樂與可口可樂也有自己的配銷系統，但是這項協定的確幫漢森保護獲利，讓未來

新的能源飲料更難到達消費者的手中，那就是經濟護城河的本質。

已有多年成功經驗，如今是業界巨擘的公司又是如何呢？有龐大市占率的公司應該就有經濟護城河了吧？

可惜，談到經濟護城河，大不一定就比較好。投資人很容易就以為市占率高的公司有持久性競爭優勢（不然它怎麼能獲得那麼大的市占率？），但歷史告訴我們，在競爭激烈的市場中，領導地位可能一下子就成為過眼雲煙。柯達（軟片）、IBM（個人電腦）、網景（網路瀏覽器）、通用汽車（汽車）、Corel（文書處理軟體）只是其中幾個領悟這個教訓的例子而已。

這些例子中都是一家主導業者面對一或多家挑戰者，由於他們並未在事業的周圍建立或維持護城河，只好坐視挑戰者瓜分他們的市場。所以我們該問的問題不是公司是否有高市占率，而是公司**如何**達到那個市占率，如此可以幫你檢視那個主導地位能否抵禦外部競爭。

有些例子中，市占率高其實沒什麼多大的效用。例如，在整型外科零件業裡（人工髖關節與膝蓋），連較小的業者也可以創造很高的資本報酬率，他們的市占率幾乎不太變動。在這個市場中，規模大並沒有多大的好處，因為整型外

科醫師通常不是根據價格做移植決策。

　　而且，他們的轉換成本也比較高，因為每家公司的產品植入方式稍有不同，醫生通常習慣採用同一家公司的產品，這種轉換成本對每一家業者來說都一樣，不分規模大小。再加上技術創新是漸進的，所以編列太多研發預算也沒多大的效用。

　　因此，規模雖然可以幫公司創造競爭優勢（第七章會進一步說明），但通常都不是經濟護城河的來源。同樣的，高市占率也不見得是護城河。

　　那麼大家常稱為「卓越執行力」的營運效率又是如何呢？有些公司擅長營運，從歷史可以看出，有些公司設法達成目標的方式就是比競爭對手可靠，難道營運效率不是競爭優勢嗎？

　　可惜不是，缺乏結構性競爭優勢時，光是比競爭對手有效率是不夠的。事實上，如果公司的成功只是因為比同業更精實，很可能它是在非常艱困與競爭激烈的產業裡營運，而效率是讓公司蓬勃發展的唯一方法。比同業更有效率是不錯的策略，卻不是持久的競爭優勢，除非它是以無法輕易複製的專利流程為基礎。

　　傑出的執行長是第四種誤判的護城河。優秀的管理團隊

可能讓公司表現得更優異，在其他條件都一樣下，你當然會希望投資天才經營的公司，而不是泛泛之輩經營的公司，但是公司有精明的領導者並不是持久性競爭優勢，理由有好幾個。第一，少數單獨探究管理決策效果的研究顯示，產業與多種其他因素控制不變時，管理者對企業績效的影響並沒有那麼大。這種結果是合理的，因為在多數情況下，一個人對極大組織本來就不太可能有很大的實質影響。

更重要的是，挑選傑出的管理者可能不是有用的前瞻性指標。我們之所以想辨識護城河，是希望能對公司未來績效的持久度產生一些信心。畢竟，管理者來來去去，尤其是在這個聘請明星執行長上任，就可以馬上讓公司市價暴增數十億的年代，我們怎麼知道我們寄予厚望的傑出管理者三年後是不是還在公司裡？通常我們並不會知道（第十章會深入探討管理者）。

我也認為，**事後**評估管理卓越度比**事前**評估簡單多了。回想一下管理界有哪些明星後來殞落了。根據後見之明，我們可以輕易分辨思科（Cisco System）的執行長約翰・錢伯斯（John Chambers）與安隆的執行長肯尼斯・雷伊（Kenneth Lay）的差異。這也是為什麼你很少在財金報導上看到「未來十年傑出管理者」的名單。媒體的報導通常都是

回顧性的調查與研究，他們也假設公司的財務或股價表現大都是執行長的功勞。詢問企業管理高層對同儕的看法也會有同樣的偏誤問題。

以下的護城河才是真的

所以如果優異商品、龐大市占率、效率營運、傑出管理者都不是經濟護城河的可靠跡象，你應該注意什麼？以下是你該注意的項目：

- 公司可能有**無形資產**，例如品牌、專利或法規授權，讓它得以銷售競爭對手無法跟進的產品或服務。
- 公司銷售的產品或服務可能讓顧客難以割捨，因此衍生**顧客轉換成本**，讓公司有定價能力。
- 有些幸運的公司因**網絡經濟**（network economics）而受惠，這是一種很強大的經濟護城河，可以長期封鎖競爭者。
- 有些公司有源自流程、位置、規模或取得獨特資產的**成本優勢**，讓他們得以用比競爭對手更低的成本，提供商品或服務。

根據晨星的經驗，這四類涵蓋了絕大多數有護城河的公司，以它們做為篩選標準可以為你指引出正確的方向。過去幾年，我們徹底分析過全球數千家公司的競爭地位，所以這四大特質是濃縮龐大資料的結果。

這套辨識經濟護城河的架構和以往許多談競爭優勢的文章不同，我們覺得有些事業就是比別人優秀，（所謂的**優秀**是指「更容易長期產生高資本報酬率」），觀察某些特質可以幫你從茫茫股海中挑出績優股。不過，我們閱讀商業或策略書籍時，並不常讀到這種看法，原因很簡單。

探討競爭優勢的作者大都是向企業管理者推銷他們的想法，所以他們是鎖定任何公司都可以用來改善或維持競爭地位的一般通用策略。這些作者希望他們的想法可以適用在愈多讀者身上愈好，所以他們傳達的訊息往往是「任何公司只要依循這些原則／策略／目標，都能成為佼佼者」。

如果你是積極進取的企業管理者，想改善公司的營運績效，那訊息對你來說是有用的。如果你想把談策略的書賣給這些管理者，那種方式也很有用，因為可廣泛運用的原則與正面訊息比較能說服更多的人認同你的觀點。畢竟，光是列出卓越企業的特質，如果公司剛好不具有那些特質，你就很難引起管理者的共鳴。

　　不過，身為投資人，我們沒必要像管理者領導公司面對
激烈競爭的產業那樣，硬著頭皮扭轉奇蹟，我們可以觀察整
個投資環境，尋找有經濟護城河的公司，把焦點放在那些有
前景的公司上。如果有些產業在結構上就是比較吸引人，我
們可以多花點時間探究，因為從中找出有經濟護城河的公司
比較容易。如果我們覺得整個市場都沒什麼吸引人的競爭特
質，我們甚至可以完全不看。

　　尋找有經濟護城河的公司時，我們需要知道的是：如何
一眼看出競爭優勢，不管公司規模的大小、歷史長短或所屬
產業。「鎖定核心事業」之類的通用原則是不夠的，因為這
類原則幾乎可以套用在任何公司上，我們需要的是能幫忙區
分公司有無競爭優勢的特質。

　　在《從A到A+》（*Good to Great*）一書中，作者詹姆·
柯林斯（Jim Collins）寫道：「卓越和環境無關。」我想對此
提出不同的看法，我認為卓越大都是環境造就出來的，是源
自上述四項競爭優勢中的一種。如果你懂得如何辨識這些優
勢，就可以比多數投資人率先找到績優股。

結語

1. 護城河是事業的結構性特質。市場上有個殘酷的事實：有些企業在結構上就是比其他企業好。

2. 優異商品、龐大市占率、卓越執行力、傑出管理者都無法創造長期的競爭優勢，它們是不錯的特質，但仍不夠。

3. 結構性競爭優勢的四大來源是**無形資產、顧客轉換成本、網絡效應、成本優勢**。如果你可以找到資本報酬率扎實，又具有其中一項特質的公司，很可能那就是有護城河的公司。

第三章

無形資產

它們看不到、摸不著，
但真的價值非凡

「無形資產」聽起來像是競爭優勢裡的福袋，就某些方面來說，它的確是。表面上，品牌、專利、法令授權沒什麼共通點，但做爲經濟護城河，他們的運作方式基本上都一樣，都是在市場上建立獨特的定位。有這類經濟優勢的公司都算是一種小型獨占，讓他們得以向顧客取得很高的價值。

不過以無形資產當護城河有個缺點，它可能不像你想的那麼容易發現。品牌可能失去光環，專利可能受到挑戰，授權可能被政府取消。我們先從品牌看起。

熱門品牌就是獲利品牌？

投資人最常犯的一種品牌相關錯誤，就是以爲知名品牌可讓業者享有競爭優勢，其實不然。品牌只有在提升消費者的付款意願或增加顧客的忠誠度時，才能創造經濟護城河。畢竟，品牌的打造與維持都需要成本，如果那些投資無法透過定價能力獲得報酬，或是吸引顧客重複消費，就無法創造競爭優勢。

下次看到擁有知名消費者品牌的公司，或有公司宣稱它的品牌在某利基市場中很有價值時，就問那家公司是否能比

類似的競爭商品要求更高的售價。如果不能，那品牌的價值可能沒那麼高。

以Sony為例，它的確有知名的品牌，現在自問你是否願意為了DVD放映機上掛了Sony的品牌，而比飛利浦（Philips）、三星（Samsung）、或Panasonic功能類似的機種多花點錢購買，很可能你並不願意（至少多數人都不想），因為消費者買電子商品時，功能和價格通常比品牌重要。

我們拿Sony和另兩家商品截然不同的公司相比：珠寶商蒂芙尼（Tiffany & Company）與建材供應商USG公司。這三家公司的共通點是，他們賣的產品都和競爭對手沒什麼差異。拿掉Sony的商標，它的電子產品和別家商品看起來大同小異。把蒂芙尼從藍色的盒子中取出來，那珠寶看起來和藍尼羅河（Blue Nile）或寶霞珠寶店（Borsheims）賣的差不多。USG的「片石」（Sheetrock）品牌石牆和競爭對手賣的石牆一模一樣。

但規格一樣的鑽石，蒂芙尼卻有辦法賣得比競爭對手還貴，只因為它的商品是以精美的藍色珠寶盒包裝。例如，在撰寫本書之際，蒂芙尼一顆1.08克拉、理想車工、成色G、淨度VS1的鑽石，搭配白金戒環要價13900美元，同樣大小、顏色、淨度、類似切工、也是搭配白金戒環的鑽戒，在

藍尼羅河的售價是8948美元。（那藍色盒子還真貴！）USG的情況更是誇張，蒂芙尼畢竟是奢華品牌，要價更高還比較合乎邏輯，但USG賣的是石牆，算是相當通俗的商品，況且USG的牆板基本上和競爭對手一模一樣。以下是USG對「片石」的形容：

> ……防火石膏核心，外層包著100%回收的自然色裱紙，後方也用100%回收的襯紙。裱紙包在長邊外以加強與保護核心，尾端切齊且外層平整。嵌板的長邊逐漸變細，以便用USG的室內裝修系統強化與隱藏接合處。

接著，我們來比較競爭對手的石牆說明：

> ……防火石膏核心，外層包著100%回收的自然色裱紙，後方採用堅固的襯紙。裱紙包在長邊外以加強與保護核心，尾端切齊且外層平整。嵌板的長邊逐漸變細，以便用接合的複合系統強化與隱藏接合處。

兩段說明一樣，幾乎一字不差，但片石的價格就是比競爭對手高出10███████，因為USG對建築業大量行銷，已建立可靠與堅固的聲譽。

　　如果一家公司只因掛上品牌，即可比同業要求更高的價格，那個品牌很可能就是強大的經濟護城河。以拜耳（Bayer）的阿斯匹林為例，它和其他的阿斯匹林是相同的化學合成物，但拜耳的阿斯匹林卻可以賣到一般阿斯匹林的兩倍價格，那就是很強大的品牌。

　　當然，為一般商品塑造品牌比較罕見，大部分的品牌是和差異化商品有關，例如可口可樂、奧立奧（Oreo）餅乾、賓士車。在這些例子中，品牌是寶貴的，因為它減少顧客的搜尋成本，但不一定能給予公司定價的能力。換句話說，你看到飲料上有「可口可樂」的商標，你知道它嚐起來是什麼味道。你知道戴姆勒公司（Daimler AG）出廠的車子很豪華耐用，但可口可樂並沒有比百事可樂貴，賓士車也沒比BMW貴。

　　可口可樂與百事可樂的價格一樣，但口味不同，奧立奧和海卓克斯（Hydrox）的餅乾也是同樣的道理。賓士車無法比類似的汽車要價更高，他們努力確保產品符合品牌所傳達的優質與耐用聲譽。不過由於生產比競爭對手耐用的車子成本較高，所以我們很難主張賓士車因為品牌而享有獲利優勢。

　　對以品牌為基礎的經濟護城河來說，最大的風險是萬一

品牌失去光環，公司就無法再訂出高價。例如，超市引進私人品牌的乳製品之前，卡夫（Kraft）曾獨占乳酪絲市場，消費者看到私人品牌後，才發現他們可以用較低的價格買到差不多的商品，畢竟加工乳酪就只是加工乳酪而已。

重點是，品牌可以創造持久的競爭優勢，但品牌的人氣沒有品牌對消費者行為的影響力來得重要。如果消費者光為品牌就願意多付點錢或經常購買商品，那就是護城河的明顯證明，但很多產品與公司即使有知名品牌，卻還是無法產生正向報酬。

專利律師開好車

如果有法律保障，完全阻止競爭對手銷售你的產品不是很棒嗎？這就是專利保護的作用。專利保護雖然是非常寶貴的經濟護城河，但作為競爭優勢的時間卻沒你想的那麼長久。

首先，專利有一定的期限，一旦過期，競爭對手一定會馬上湧進（問各大藥廠最清楚了）。法律手段有時候可以延長專利商品的保護期，但哪家公司的律師團能贏得專利戰卻

難以捉摸，除非你剛好精通智慧財產權法。

專利可以提出異議，但不能取消，而且專利愈是有利可圖，就會有愈多的律師想辦法加以攻擊。例如，很多學名藥的藥廠就以推翻大藥廠的專利為事業核心。他們可能針對十件專利提出異議，僅一件成功，但成功的收益很高，所以異議才會接連不斷。

一般而言，對於靠少數專利商品獲利的公司，投資人應該要特別提高警覺。因為競爭對手一旦對那些專利提出異議，公司的獲利就會大受影響，而且異議是否成功也難以預測。專利可持續做為持久性競爭優勢的唯一情況是，公司已有不錯的創新紀錄，你相信他們會持續創新下去，而且公司也有多元的專利商品，例如擁有數百種專利商品的3M公司，或是默克（Merck）與禮來（Eli Lilly）等大型藥廠。這些公司多年來不斷申請新的專利，他們優異的紀錄讓大家相信，他們最終都會推出新的專利商品，取代目前的專利商品。

品牌和專利很像，因為它們看起來常像一種無法超越的競爭優勢，但就像教科書上說的，資金總是往報酬最高的方向流動，所以它們會時常受到攻擊。在晨星，通常只對具有多元專利組合與創新記錄的公司才能獲得護城河評等。只靠

單一專利商品營運的公司，他們承諾的未來報酬常高得不切實際（往往也的確是如此）。

政府推手

最後一種能夠創造持久競爭優勢的無形資產是法令授權，法令授權讓競爭對手難以（或不可能）進入市場。公司需要獲得法令批准才能在市場中營運，但定價方面又不受監督時，這種優勢通常最為強大。你可以想想水電業與藥廠之間的比較，兩者未獲批准前都無法向消費者販售商品（電力或藥品），但管理當局會控制水電業的收費，美國食品藥物管理局並不會干預藥品的價格，所以目前藥廠的獲利遠高於水電業並不令人意外。

總之，如果你可以找到定價像獨占業者，卻不必像獨占業者那樣受到規範的公司，那就有可能是有寬廣經濟護城河的公司了。

債券評等業就是善用法規優勢，塑造近乎獨占地位的絕佳例子。公司想為美國發行的債券做評等時，必須先取得「國家認定統計評等組織」（Nationally Recognized Statistical

Ratings Organization）的指定資格。所以，想進這一行的潛在業者馬上知道，它需要經過繁複的法令審核才能踏入這個產業，也因此債券評等公司的獲利驚人並不令人意外。例如，穆迪投資服務公司（Moody's Investors Service）的營業毛利就高達50%（這數字可不是誤植），資本報酬率約150%。

但你不需要做債券評等，就可以因法令批准而享有很大的競爭優勢。想想吃角子老虎機產業，這一行和沈穩的債券評等業可說是南轅北轍。

為了不讓賭場獲得超乎合法優勢的利益，也為了避免不肖業者暗中對機器動手腳，所以吃角子老虎機是限制很多的產業。吃角子老虎機的製造與銷售權並不容易取得，失去這項核准可能對公司造成財務重創。WMS實業公司是業界的小型競爭者，2001年因軟體失誤而暫時失去營運權，WMS花了三年才恢復失誤前的獲利水準。

即便如此，由於法規障礙過於繁複，美國的吃角子老虎機產業中只有四家舉足輕重的公司，多年來都沒出現新的競爭對手。你可能會以為潛在業者眼看這個產業獲利很高，便趁著WMS落難之際跨進這一行，但這種情況並未發生，因為法規障礙太高了。

　　提供高等教育學位的公司，例如迷津教育公司（Strayer Education）或阿波羅集團（Apollo Group），也需要獲得法令許可，亦即必須獲得合格鑑定。美國有不同等級的合格鑑定，最高等級（可讓學生輕易轉抵學分去念公立大學）極難取得。

　　取得合格鑑定是個極大的競爭優勢，因為對學生來說，從無合格鑑定的學校取得的學位，價值遠不如有合格鑑定的學校學位。此外，只有合格鑑定的學校可以獲得聯邦補助的學生貸款，再加上多數非菁英教育機構有龐大的營收來源，讓潛在競爭對手更難以跨入這一行。基本上，沒有合格鑑定的業者就很難和這個高獲利產業內的既有業者競爭，而合格鑑定的資格必須經過管理當局的嚴格審核才能取得。

　　穆迪、吃角子老虎機產業、營利教育事業都是因授權或核准，而讓公司擁有持久競爭優勢的例子。但這類護城河不一定是依賴單一大型授權，有時集結一些難以取得的較小核准也可以挖掘出一樣寬廣的護城河。

　　我最喜歡舉的例子是所謂的「鄰避」公司（NIMBY, not in my backyard），例如廢物運輸業者與混凝料製造者。畢竟，誰希望自家附近出現掩埋場或採石場？幾乎沒人希望那樣，這表示現有的掩埋場和採石場都有極高的價值，所以新

的掩埋場或採石場想取得核准幾乎不太可能。

　　廢棄物與砂石聽起來可能沒什麼大不了，但集結許多小型核准所創造的護城河卻相當耐久。畢竟，垃圾運輸商與集料公司需要取得數百件市府等級的核准才能營運，這些核准不大可能一夜之間集體消失。

　　對廢棄物管理公司（Waste Management）與瓦坎建材（Vulcan Materials）等公司來說，各地核准的掩埋場與採石場之所以如此重要，主要是因為廢棄物與砂石都是地方性事業。你不可能把一地收集的廢棄物或砂石運到幾百英里外的地方處理還有利可圖，也不可能把混凝料運到採石場外四、五十英里銷售還定價不高（廢棄物很重，砂石更重），所以掩埋場與採石場的地方性核准在這些產業中創造了許多小型的護城河。

　　我們把廢棄物與砂石業拿來和另一個有強大鄰避特質的產業相比：煉油業。雖然美國數十年來沒建造新的煉油廠，擴建現有煉油廠的各地核准也難以取得，但煉油場的經濟狀況卻沒有掩埋場或採石場那麼好，理由很簡單：煉油的價值重量比（value-to-weight ratio）高出許多，又可透過輸油管便宜輸送。

　　所以，煉油廠如果想提高某地的售價，遠地煉油廠的石

油就會流入當地市場，把握高價的機會。也因此，石油價格雖有地區性差異，但煉油業者通常很難長期產生9%~11%的資本報酬率，混凝料製造者與廢物運輸業者卻可多年享有15%~19%的穩定資本報酬率。

還有三種護城河

雖然無形資產可能看不到也摸不著（我無法從架上拿出品牌或專利給你看），他們卻可能是極其寶貴的競爭優勢來源。評估無形資產的關鍵，在於思考他們能為公司創造多少價值，以及他們可以持續多久。

不管大家對知名品牌有多麼熟悉，只要品牌無法提供定價能力或提高顧客的忠誠度，它就不是競爭優勢。無法創造高資本報酬率的法令核准（例如煉油廠），就不是那麼寶貴。容易遭人提出法律異議的專利組合（可能是因為不夠多元化，或該公司無後繼專利接替）也不算什麼護城河。

但如果你可以找到提供定價能力的品牌、限制競爭者的法令核准，或具有多元專利與扎實創新歷史的公司，那很可能就是有護城河的公司。

結語

1. 熱門品牌不一定都是獲利品牌，如果品牌無法吸引消費者付更多的錢，就無法創造競爭優勢。

2. 擁有專利是很好，但專利律師可不是省油的燈，法律異議是專利護城河的最大風險。

3. 法令可以限制競爭，由政府幫你出力不是很好嗎？最棒的法令護城河是由許多小規模的法令所衍生出來的，而不是源自於一個可能改變的大法令。

第四章

轉換成本

黏得緊的顧客不麻煩，
他們才是金主

你上次更換往來銀行是什麼時候？

除非你最近搬家，否則我相信你的回答一定是：「好久以前了。」不單只有你是一直和目前的銀行維持往來，如果你問銀行人士，就會發現存款的平均轉換率是15%，這表示一般顧客平均使用一個帳號六到七年。

仔細去想，那是一段滿長的時間，畢竟錢是通用物品，銀行帳戶的功能大同小異，大家為什麼不為了搜尋更高的利率與更低的手續費而時常轉換銀行？有些人不就是為了省一加侖幾十美分的油錢而多開幾英里路，加滿一次油也不過省下一兩塊美元而已。找個不會因為延遲付款就扣錢的帳戶，不是可以輕易省下比油錢更多的花費嗎？

答案很簡單，從附近的加油站換到便宜的加油站，可能只需多花你五到十分鐘，你也確定你只會多花點時間而已，因為加的汽油都一樣。但轉換銀行帳戶還要到新的銀行填寫一些表格，可能還要更改其他的直接存款或帳單扣款設定。所以已知成本絕對不止多花幾分鐘而已，另外還有萬一目前的銀行延遲轉帳或轉錯帳號而衍生的未知成本（支票可能無法入帳，電費單可能無法繳付）。

現在我想你一定知道銀行為什麼獲利那麼高了。美國一般銀行的股東權益報酬率約15%，這種獲利水準顯然高於其

他產業的公司，原因有很多，但主要是因爲顧客從一家銀行換到另一家會產生**轉換成本**。簡單地說就是，換銀行麻煩透了，所以大家才不常更換。銀行也很清楚這點，所以他們善用顧客不願離開的惰性，少給點利率，多收點費用。

從這裡就可以看出，轉換成本是寶貴的競爭優勢，如果顧客不可能改投競爭對手的懷抱，公司就可以從顧客身上多獲得一些錢。從A公司換到B公司的效益比成本低時，就會出現轉換成本。

除非你自己也使用那個產品（例如銀行帳戶），否則你很難發現因轉換成本而受惠的公司，因爲你需要站在顧客的角度，才能眞正了解成本與效益之間哪個較高。就像任何競爭優勢一樣，轉換成本可能隨著時間經過而強化或削弱。

我們就先從你可能也很熟悉的軟體公司開始講起：直覺公司（Intuit）。QuickBooks與TurboTax就是它的產品。直覺公司連續八年都有30%的資本報酬率，它的兩大產品都能成功防堵競爭對手侵蝕核心事業（微軟不止一次向它挑戰），在個別市場上都有75%以上的市占率。表面上看來，這個例子和銀行一樣令人訝異。畢竟，科技日新月異，所以直覺公司不太可能光靠軟體功能較好就防堵競爭對手，微軟在殲滅競爭對手方面也不是省油的燈，答案就在於轉換成本。

　　雖然直覺公司的策略（例如以好用為主要目標，提供多種軟體選單因應不同的消費者）的確有助其營運發展，但它之所以能夠固守這兩大產品的市占率，最主要是因為QuickBooks與TurboTax的用戶都有明顯的轉換成本。

　　如果你是經營小企業，已經把公司的所有資料輸入QuickBooks中，改換競爭對手的軟體還需要花時間，時間很寶貴，對可能身兼數職的小企業主來說更是如此。即使競爭對手的程式提供資料匯入功能，顧客還是會想要自己檢查資料，因為那些資訊是他的事業命脈，所以時間成本可能很高。

　　而且就像你換銀行時可能碰到帳戶混亂的風險一樣，小企業主從QuickBooks換成競爭對手的軟體時，資料可能在轉移過程中，因錯誤歸檔而找不到重要的財務資料。如果你覺得支存帳戶紊亂，導致瓦斯費沒繳是個問題，試想，萬一會計系統因為沒開發票給顧客，導致小事業主沒足夠的現金支付員工薪水會是什麼樣子。

　　那轉換的效益又是如何呢？或許競爭對手的程式比較便宜，或許它有QuickBooks所沒有的一些功能。但基本會計原則已流傳五百年，新的簿記程式不太可能改革小企業追蹤財務的方式。權衡成本與效益後，很難看出轉換的效益可能

多於成本，這也是為什麼直覺公司的產品可以在市場上獨領風騷多年，還很可能繼續稱霸下去。

　　直覺公司的 TurboTax 軟體也一樣，雖然它的內建個人資料較少，再加上稅法年年變動，讓潛在競爭對手比較容易進入市場，所以轉換成本較低。但競爭者的程式必須好用許多、便宜許多，或具備更多的功能，才有可能說服視報稅為瑣事的人學用新的報稅軟體。大部分的人都討厭報稅，所以他們怎麼肯為了新的報稅軟體多花時間？

追逐潮流

　　直覺公司是轉換成本中某一大類的經典案例，你可以把它想成公司因為和顧客的事業緊密結合而受益。小企業因為 QuickBooks 已變成他們日常營運的一大要項，所以持續使用這套軟體，叫他們換一套新的會計軟體可能所費不貲，又有風險。

　　這可能是最常見的轉換成本類別，在很多公司身上都可以看到這種現象。以軟體巨擘甲骨文為例，他們賣大公司用來儲存與擷取大量資料的龐大資料庫軟體。由於資料在原始

狀態下幾乎沒什麼作用，甲骨文的資料庫通常還需要和其他分析、顯示或操作原始資料的軟體連接在一起。（想想你上次上網買的東西，那商品的原始資料可能就存在甲骨文的資料庫裡，由其他軟體把它擷取出來，顯示在你下單的網頁上。）

所以公司如果想把甲骨文的資料庫改換成別家廠商的資料庫，不僅需要把所有資料從舊資料庫轉到新資料庫，也必須重新把從甲骨文系統擷取資料的程式一一連接到新系統上。這麼做不僅費時，成本也高，更別說還有風險了（轉換可能行不通，而導致生意中斷）。其他資料庫必須比甲骨文的資料庫優異許多（或便宜許多），公司才會爲它花那麼多成本撤除甲骨文的資料庫，改裝另一套。

資料處理商與安全保管商也和甲骨文同屬一類。費哲公司（Fiserv, Inc.）與道富公司（State Street Corporation）幫銀行與資產管理公司做後台處理工作。基本上，讓銀行與資產管理公司得以平順運作的繁複資料運算與記錄儲存都是他們負責的。他們和客戶的事業密切整合，所以他們常號稱留客率高達95%以上，他們的營收中有很大一部分就像年金收入一樣穩定。

試想，晚上銀行的帳目無法結平時的亂象，或客戶收到

錯誤的資產評價報表時，大型財富管理公司裡會有多亂。由於後台處理出錯會讓顧客相當不滿，轉換成本可能遠高於金錢或時間上的考量。這也難怪這類公司的最大挑戰不在獲利，而是增加銷售，因爲每位顧客幾乎都很不願意更換目前的資料保管商或處理商。

當然，不只服務公司與軟體公司有這類競爭優勢。有一家很酷的公司名叫精密鑄件（Precision Castparts），他們販售的是噴射機引擎與發電廠渦輪上的高科技、超堅固金屬元件，這些都是不容出錯的產品。發電廠的蒸汽渦輪可能重逾兩百噸，以每分鐘三千轉的速度運轉，試想一片渦輪風扇破裂的後果，還有噴射引擎在三萬英尺高空上故障有多可怕。

所以精密鑄件公司已爲一些顧客供應產品三十多年了。他們的工程師在設計新產品時，還會和奇異公司（General Electric）等顧客一起合作。從成本／效益的權衡來看，只要精密鑄件公司能維持品質標準，奇異公司轉換供應商的唯一效益可能只是金錢上的。如果奇異捨棄精密鑄件公司，改換其他的業者，或許他們可以用較低的成本製作渦輪與噴射引擎，因而獲得較高的毛利。

但成本面又是如何呢？表面上的成本是，新公司必須投入時間熟悉奇異的產品，才能達到精密鑄件公司的熟悉度，

但實際的成本則是風險。由於渦輪與噴射引擎不容有半點閃失，所以奇異爲了削減成本而必須承擔更高的失誤風險並不合理。一個金屬元件的缺失所釀成的大意外，就足以重創奇異公司的聲譽，勢必也會損及未來的銷售。

所以精密鑄件公司銷售元件的利潤相當豐厚，部分原因就在於它的顧客若想爲了省錢而更換供應商，就得找到一樣可靠的業者。（精密鑄件公司在成本控管方面也做得很好。）精密鑄件公司因經年累月爲顧客提供優質零件而創造出轉換成本，爲它帶來競爭優勢。

轉換成本隨處可見

轉換成本美妙的地方在於，各行各業都可以看得到它們的蹤影。回到我們剛剛談的軟體業，奧多比（Adobe）的護城河也是以轉換成本爲基礎。學校用奧多比的Photoshop與Illustrator軟體教導未來的設計師，這些軟體都夠複雜，所以轉換成其他軟體還需要經過另一番的訓練。另一家軟體公司歐特克（Autodesk）也有類似的市場地位，工程師常用他們的AutoCAD數位設計軟體來設計橋樑、建築物等一切物件

的規格。多數工程師在大學都學過AutoCAD，他們未來的雇主也不想為了重新訓練他們熟悉新的軟體而失去一些生產力。

再回頭看金融服務業，資產管理業者的轉換成本和銀行差不多，流進共同基金或財富管理帳戶的錢通常會留著不動，我們稱之為「粘著資產」，那些錢可以為公司賺進多年的管理費。例如，共同基金界發生時機交易（market-timing）醜聞案的期間，即使一些資產管理公司因公然違法，必須支付法律相關成本，也面臨投資人贖回的壓力，但多數業者都還是保有足夠的資產，得以維持不錯的獲利。

雖然把共同基金帳戶從Ａ公司換到Ｂ公司的外顯成本比更換銀行帳戶低，但多數人覺得轉換的效益並不明確。他們必須說服自己，新的基金經理人比原來那個好，這等於是坦承他們當初所選的現任經理人就是錯的。對多數人來說，這在心理上很難做到，所以資產也就一直留在原來的地方。表面的轉換成本可能不大，但轉換的效益太不確定，導致多數人選擇他們最不排斥的方式，維持原狀。

在能源業裡，瓦斯配送事業有很高的轉換成本。在美國許多鄉下地區，居民家中沒裝天然氣的管線，所以他們是叫瓦斯桶放在家門外，供應熱氣與烹飪用的瓦斯。通常，這些

桶子不是顧客的，而是由瓦斯公司出租給顧客。所以另一家瓦斯配送業者如果提供更優惠的價格，顧客就會打電話向現在的供應商取消服務，目前的供應商必須和新供應商交換桶子，非常麻煩。

　　所以居民不常更換瓦斯供應商，而且目前的供應商接到轉換通知時，通常還會加收一筆費用，這讓瓦斯配銷業者擁有一點定價力，他們的高資本報酬率就是財務證明。

　　在保健業方面，製作實驗器材的公司通常會因為轉換成本而受益。例如沃特斯公司（Waters Corporation）製造複雜昂貴的機器，進行「液相色譜分析」（liquid chromatography, LC）流程，把化合物分成化學成分，以便淨化與品管，例如LC機器可測試水中有無污染物質或油質是否純淨。公司想從沃特斯的LC機器改用其他業者的機器時，除了必須為新的LC機器付出大量的成本外（約五萬到十萬美元），還必須重新訓練實驗室的技術人員操作新機器，不僅耗時也減少生產力。由於LC流程需要持續使用消耗品，這些消耗品為沃特斯帶來極高的利潤，這下你就知道轉換成本是如何幫沃特斯創造30%的資本報酬率。

　　你會發現我沒提到許多消費者導向的公司，例如零售業者、餐廳、包裝食品公司等等，因為低轉換成本正是這些公

司的主要缺點。你可以輕易從一家服飾店走到另一家，或在超市挑選不同品牌的牙膏，這讓零售業者與餐廳很難在事業周遭建立護城河。沃爾瑪與家得寶（Home Depot）等業者可以透過規模經濟建立護城河，Coach之類的業者可以打造強大的品牌，但一般而言，消費者導向的公司常因為轉換成本低而受害。

轉換成本可能不容易辨識，因為你通常需要徹底了解顧客的經驗，如果你又不是顧客，就比較難以體會。但這類經濟護城河可能相當強大持久，值得花時間去尋找，希望本章所舉的例子可以幫助大家思考。

第三種競爭優勢的來源是下一章的主題，雖然網絡效應算是另一種轉換成本，但因為它很特別，又可能產生強大的經濟護城河，所以我另闢一類加以說明。

結語

1. 公司讓顧客難以改用競爭對手的產品或服務時,就創造出轉換成本。顧客比較不可能轉換時,公司就可以要求高一點的價格,維持高資本報酬率。
2. 轉換成本有多種類別:和顧客的事業緊密結合、金錢上的成本、重新訓練的成本等等。
3. 你的往來銀行靠轉換成本獲利許多。

第五章

網絡效應

效果強大，所以另闢一章

　　有一種人似乎生下來就認識每個人似的，這種人總是令我相當訝異。你可能也認識這種人，他們可以輕易和碰到的人聊開話題，旋轉式名片架滿得像顆保齡球一樣。這些人人脈廣，善於交際，到處吃得開，因為他們認識的人愈多，就可以幫更多的人牽線，讓彼此都受益。他們的社會價值隨著社交網絡裡的人數增多而提升。

　　因網絡效應而受惠的事業也是如此，他們的產品或服務價值因用戶數目的增加而上漲。這聽起來可能很單純，其實非比尋常。以你最喜歡的餐廳為例，他們以合理價位供應優質餐點，因此為你提供價值。或許對你來說，那地方是否擁擠或空盪並不重要，事實上，你可能還希望那家餐廳不要太擠。服務的價值和多少人光顧使用幾乎是完全獨立的。

　　現在想想一些知名的大公司，例如道瓊工業指數的成分股（我在圖5.1中列出道瓊成分股做為參考）。埃克森美孚（Exxon Mobile Corporation）？是很不錯的事業，但他們的獲利是因為能源產品的售價高於尋找能源的成本。顧客愈多對埃克森美孚是好事，但你挑選加油站時並不會考慮到這一點。那花旗集團呢？公司不會因為同業用花旗銀行的企業金融服務就跟著使用，他們之所以和花旗往來，是因為它提供不錯的貸款利率。沃爾瑪呢？也是同樣的道理，這家零售業

圖5.1 道瓊工業指數裡的公司

股票名稱	產業	股票代碼
IBM	電腦裝備	IBM
波音	航太與防禦	BA
3M	多元製造	MMM
埃克森美孚	石油與天然氣	XOM
聯合科技（United Technologies）	多元製造	UTX
卡特彼勒（Caterpillar, Inc.）	建設機器	CAT
寶鹼	居家與個人用品	PG
高特利集團（Altria Group, Inc.）	菸草	MO
美國國際集團（American International Group）	保險	AIG
嬌生	醫藥	JNJ
漢威聯合（Honeywell International,Inc.）	多元	HON
美國運通	信用卡	AXP
可口可樂	飲料製造	KO
麥當勞	餐飲	MCD
默克	醫藥	MRK
惠普	電腦裝備	HPQ
杜邦	化學	DD
花旗集團	國際銀行	C
摩根大通銀行（J.P. Morgan Chase & Co.）	國際銀行	JPM
威瑞森通訊（Verizon Communications, Inc.）	通訊服務	VZ
沃爾瑪	量販店	WMT
AT＆T	通訊服務	T
奇異	多元製造	GE
美鋁（Alcoa, Inc.）	鋁業	AA
通用汽車	汽車製造	GM
迪士尼	媒體集團	DIS
家得寶	家具用品	HD
微軟	軟體	MSFT
英代爾	半導體	INTC
輝瑞（Pfizer, Inc.）	醫藥	PFE

巨擘的低成本是源自於龐大的規模，但大家到沃爾瑪購物並不是因為別人也去那裡買，而是因為那裡的東西便宜。

我們再繼續看道瓊的成分股，美國運通又是如何呢？終於講到重點了。美國運通提供用戶回饋與額外的好處，讓它得以和其他信用卡公司競爭，但如果很多大家想刷卡消費的地方都不接受美國運通卡，美國運通可提供三倍的回饋，所以還是有少部分用戶使用它的卡。龐大的商家網絡讓美國運通比任何想要發行新信用卡的公司更具優勢，美國運通卡可以使用的地方愈多，那張卡對你來說就愈有價值，這也是他們最近努力推動便利商店與加油站等小型業者接受美國運通卡的一大原因。

現在想想美國有多少大型的信用卡體系，前四大體系（Visa、MasterCard、美國運通、Discover）約占全美信用卡總消費的85%，市場集中度非常高，這也是網絡效應可能是極大競爭優勢的基本原因。以網絡為基礎的事業通常會創造出自然的獨占與寡占效應，就像經濟學家布萊恩‧亞瑟（Brian Arthur）所說的：「網絡只限少數幾個存在。」

這句話很有道理，如果商品或服務的價值隨著用戶數的成長而增加，最有價值的網絡商品就是用戶最多的商品，它會衍生良性循環，排擠較小的網絡，讓大者恆大。大型網絡

愈來愈大時，它們也會變得更加穩固，儼然形成一股強大的競爭優勢。

由於網絡會讓大者恆大，所以網絡效應原本就不是很多事業都能享有的效益。我們把這個理論套用到道瓊工業指數的成分股上，看看哪家公司享有網絡效應，簡單做個測試。

結果發現，道瓊成分股中只有兩家公司的競爭優勢主要是源自於網絡效應：美國運通與微軟。前面我們已經談過美國運通的護城河，網絡效應對微軟的幫助也很容易理解。很多人之所以用 Word、Office、Windows 軟體，就是因為很多人用 Word、Office、Windows。

Windows 稱不上是最頂尖的個人電腦作業系統，但是因為它的用戶群龐大，想在美國企業裡生存，大概都得學會使用安裝 Windows 作業系統的個人電腦。Word 和 Excel 軟體也是一樣的道理，即使競爭對手下週推出文書處理軟體或試算表軟體比它好用五倍，價格只有一半，還是很難在市場中產生多大的影響，因為無論你喜不喜歡，Excel 和 Word 已是全球知識工作者的共同語言。

事實上，有一種 Office 的競爭對手已在市場上存在多年，名叫 OpenOffice，遠比 Excel 和 Word 便宜，其實它是免費的，價格沒得比。它的文書處理與試算表軟體看起來與用

起來都和Word及Excel很像，檔案也和微軟的類似軟體大致相容，我用過OpenOffice，覺得很不錯，但在主流市場中，它並沒有獲得太多的市占率，因為它和微軟的軟體仍有一些小差異，而且全世界大都是用微軟的Office，大家不想自找麻煩使用另一種軟體，製作可能無法和別人一起共用的檔案。

✡如果某樣產品很不錯，又是免費的，還是無法撼動某家公司的市占率，你就可以放心說那家公司有競爭優勢。

我們迅速檢視道瓊成分股時，還發現另一個有趣的現象，那就是美國運通與微軟都是屬於比較新的產業。畢竟，信用卡才存在幾十年而已，個人電腦出現得更晚。尋找網絡型事業時，你會發現這種現象不是碰巧，以資訊或知識轉移為基礎的事業，比以實體資本為基礎的事業更常看到網絡效應。

原因在於資訊是經濟學家所謂的「共享財」（nonrival good）。大多數的物品一次只能由一人使用，例如我買一台卡特彼勒（Caterpillar）的推土機，我挖地基時，其他人都不能用它（這類物品就叫「獨享財」）。但是美國運通的數百萬持卡人使用美國運通的付款網絡時，我也可以使用，就好像那些持卡人可以同時上紐約證交所察看美國運通的股價一

樣。一個人使用美國運通的網絡或紐約證交所，並不會阻止其他人使用那些網絡。事實上，愈多人使用這些網絡，對其他人來說，這些網絡愈有價值。

所以重點是，在以分享資訊或連結使用者為基礎的事業中，比在販售獨享財的產業裡，更有可能找到網絡效應。我們在本章稍後會看到，這項準則並非絕對，卻是不錯的判斷標準。

現在我想大家已經很清楚網絡效應為什麼是那麼強大的競爭優勢了：競爭對手必須先複製那樣的網絡（或至少達到差不多的水準），用戶才會覺得新網絡有更高的價值，才會願意改用新網絡。一般而言，那境界很難達到。在天時地利人和下才有可能出現（本章稍後討論證券交易所時會看到），但網絡型事業通常相當穩固。想了解原因何在，我們來看一個成立僅十年、但已是網絡效應典型代表的事業：eBay。

網絡發威

說 eBay 主宰美國的網拍市場，就像說攝影大師安瑟．

亞當斯（Ansel Adams）為美國的國家公園拍了幾張不錯
的相片一樣，「主宰」兩字還不足以形容eBay橫掃市場的
威力。撰寫本書之際，eBay至少囊括了美國境內85%的網
拍流量。由於訪客上eBay比上競爭對手的網站更有可能消
費，消費額也比較高，所以以消費金額的比例來看，eBay
在網拍業的市占率可能遠比85%還高。看過前面有關網絡效
應的討論後，現在應該可以很清楚看出原因何在：買家之所
以上eBay，就是因為賣家都集中在那裡，反之亦然。

即使明天有新的競爭對手開站，收費只有eBay的一小
部分，也不太可能吸引很多的流量，因為買家不來，賣家
也不想來。第一批勇敢的使用者無法享有eBay評價的好處
（告訴他們可以信賴哪個用戶，以便完成交易），也因為用戶
太少而無法確定他們是不是找到最好的價格。（有一次我在
晨星面試一位應徵分析師職務的應試者，我問他，如果我
是創投業者，給他一大筆資金，叫他在美國開一家公司打
敗eBay，他會怎麼做。他思考一分鐘後回我：「我會把錢還
你。」答得好！）

不過，eBay並不是在每個市場都所向無敵，迅速探究
一下原因，可以幫我們進一步了解網絡效益。在日本，甚至
看不到eBay的蹤影，雅虎日本幾乎囊括了日本大半的網拍

市場，原因比你想的還簡單：雅虎日本比 eBay 提早五個月提供網拍服務，迅速集結了一大群買家與賣家。此外，雅虎日本還有先見之明，一開始就大量廣告，也不收費，所以很快就累積到臨界量。等 eBay 開站時，雅虎日本早就贏了，他們用的正是 eBay 主宰美國網拍市場的網絡效應。eBay 花了幾年想和雅虎日本一較高下，但最後終於認輸，完全退出日本市場。

如果 eBay 在美日兩國的經驗清楚顯示，在網絡經濟市場中率先卡位可以幫業者逐漸壯大。那麼 eBay 在中國面對的波折則顯示，光是率先卡位還不足以稱霸市場：在某些情況下，對手還是可能攻陷以網絡效應為基礎的護城河。幾年前，eBay 在中國經營最大的網拍網站，約占網拍總流量的 90%，但後來中國出現在地的業者，把刊登費砍到零，並導入對中國市場特別有吸引力的一些功能，於是 eBay 市占率迅速流失，最後黯然退出中國。

這個案例給我們的啟示是，在迅速成長而且消費者的偏好尚未定型的新種服務中（例如本例中的網拍），對手可能成功破解網絡效應。當然，再加上 eBay 太慢回應威脅，對手又是在地公司，有種類似當地英雄的優勢，所以更難防守。

　　eBay的例子就講到這裡，我們再來看看其他網絡效應發威的例子。

　　從eBay跳到那斯達克交易所、紐約證交所、芝加哥商業交易所，其實並沒有跳太多，因為eBay是實體物品的線上交易中心，金融交易所也因為類似eBay的網絡效應而受惠，不過它們之間有一些重要的差異，剛好有助於說明網絡經濟最強與崩解時的情況。

　　金融交易所的網絡效應很簡單：愈多買家與賣家群集在交易所中，交易所的參與者就愈能以他們希望的價格，找到他們想要的資產。以財金術語來說，買家與賣家愈多，流動性愈高。這裡所指的流動性可以很廣泛（意指參與者交易多元的資產），也可以很深入（意指參與者可以在不影響報價下交易大量的資產）。

　　聽起來好像是不錯的生意嘛，讓網絡效應自行發威，累積又深又廣的流動性，看著獲利源源流入。這種說法用來形容芝加哥商業交易所（the Merc）和紐約商業交易所（NYMEX）等期貨交易所頗為貼切，他們都是獲利很高的公司，都因為網絡衍生的流動性而具有寬廣的護城河，不過故事沒那麼單純，因為對以股票交易為主的交易所來說（例如紐約證交所與那斯達克），即使他們有深廣的流動性，競

爭優勢還是薄弱許多。

　　事實上，證券交易所因競爭對手出現，所以近年來資本報酬率持續下降，不過期貨交易所則一直維持不錯的獲利。原因在於期貨合約只限在某一交易所中交易，如果我是在紐約商業交易所或芝加哥商業交易所買進期貨合約，就得在同一個地方賣出（理由很複雜，所以姑且相信我的說法）。期貨交易所可以從市場參與者身上獲得許多的價值，因爲他們對每筆交易有較多的控制力。

　　相較之下，股票可以在多種不同的交易所內買賣，所以價格競爭較爲激烈。法人可能在紐約證交所買進一千股的IBM股票，但其他五、六個也交易IBM股票的交易所如果提供更好的交易價格，他就可以到其他的交易所賣出那些持股。由於IBM股票的流動性並不限於單一交易所內，所以這些交易所都無法獲得像期貨交易所那麼多的網絡效應。

　　這裡給我們的啓示是，公司想要因網絡效應受惠，就需要經營封閉的網絡。封閉的網絡一經開啓，網絡效應可能一下子就消失了。每次評估可能因網絡經濟而獲益的公司時，最好提出以下的問題：那網絡可能開放讓其他參與者加入嗎？

　　我們再從交易所轉向其他產業，在很多其他的領域中，也可以看到網絡效應發威。西聯匯款（Western Union）就是一個不錯的例子。雖然西聯匯款的網絡比最大的競爭對手大三倍，它所處理的交易量卻是對手的五倍，由此可見它的網絡對用戶的效益。換句話說，西聯匯款在每個地點平均獲得的生意比較多，因為顧客用它的網絡匯款可以匯到較多的地方。

　　這就是網絡型事業的常見效應：擁有較大網絡的效益不是線性的，也就是說，網絡經濟價值的成長比網絡絕對規模的成長還快。觀察圖5.2與5.3就會明白這個意思，這兩個圖

圖5.2　多增幾個節點相當於多增許多連結

節點數	連結數
2	1
3	3
4	6
5	10
10	45
20	190
30	435
40	780
50	1225

圖 5.3　節點與連結

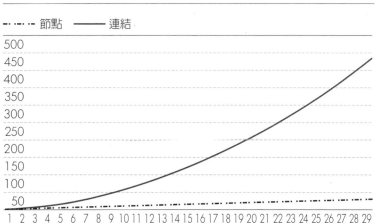

是比較網絡中的節點數（類似於西聯匯款的據點數）與節點之間的連接數。

連接數隨著節點數的增加而暴增的速度真的很驚人，從這裡就可以輕易看出網絡經濟的吸引力。如果網絡型事業多投入 50% 的資金，把節點數從 20 增至 30 個，連結數就可以從 190 增至 435，成長近乎 130%。

當然，你做這類分析時需要特別小心，因為對所有用戶來說，網絡裡的每個連結很可能重要性並不一樣。以西聯匯款為例，我想西聯匯款在墨西哥很多地方都有據點，所以

它的服務對芝加哥皮爾森（Pilsen）地區的居民來說相當寶貴，因爲皮爾森一帶有許多墨西哥的移民。但皮爾森居民中沒有很多人需要匯款到杜拜或達卡，所以那幾個連結對皮爾森居民來說就不是那麼有價值了。

我們可以說，網絡對用戶的價值跟連結數比較有關，跟節點數比較無關，但是當連結數變得很大時，價值對連結比（value-to-connection）的上升速度可能會減緩。

我們接下來要探討的網絡案例也是獲利很高，但比較不爲人知：第三方物流業（third-party logistics）。這行業可能聽起來很無趣，但40%的資本報酬率，再加上十幾年都有20%到30%的成長率，應該會讓你產生興趣。康捷國際（Expeditors International）與羅賓遜物流（C.H. Robinson）等公司是如何創造出驚人的記錄？

這兩家公司都是幫托運者與貨運公司牽線，你可以把他們想成貨運空間的仲介。羅賓遜物流是在美國的貨車運輸業裡營運，幫有貨物要運送的公司以及希望拖車盡可能裝滿的貨車運輸業者居中牽線。羅賓遜物流和愈多托運者建立關係，它在渴求貨物的貨車運輸業者眼中就愈有吸引力，反之亦然。這正是典型的網絡效應案例，也是很強大的競爭優勢。

康捷國際的運作方式則有些許不同，這家公司是國際營運，不止居中牽線。基本上，客戶是要求康捷在一定時間內把貨物運到海外目的地，細節全交給康捷處理。康捷負責幫客戶購買貨機與貨船上的貨運空間，用客戶的貨物填滿那個空間，也負責處理起迄點之間可能出現的所有複雜細節，例如海關、關稅、倉儲等等。

康捷的護城河在於它有廣泛的分公 ████████ 讓它得以更有效地服務顧客，無論東西要運到哪裡，康捷在出貨與收貨地都可能有據點。確認這個護城河是否成立的一種方式，就是做一些<u>財務偵察</u>。如果網絡愈大真的表示康捷可以透過各據點運送更多的貨物，公司每據點的營業收入應該會增加，因為新的據點可為原有的據點增添貨物流量。確認後的結果正是如此（參見圖5.4）。 以量化數據確認量化分析之清法。

最後，我們回頭來看一家很像本章一開始所介紹的網絡型公司。企業主管委員會（Corporate Executive Board）為大公司出版最佳實務研究，基本上就是讓管理高層分享解決議題的經驗，藉此幫其他有類似問題的管理高層找出問題的解決之道。你已經可以看出其中的網絡效應了：愈多公司加入企業主管委員會的網絡，它就愈有可能為會員提供相關的資訊，它也幫會員牽線解決一次性的問題。

圖5.4　康捷國際公司每據點的營業收入（＄千）

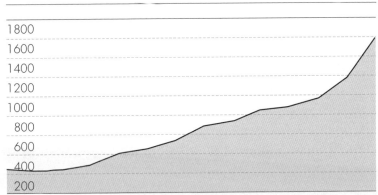

這種事業最妙的地方是，他們出版的研究其實價值還不如網絡。畢竟，如果你是忙碌的大企業高階管理者，你會加入哪種網絡？當然是加入其他大企業資深管理者已加入的那個網絡，因為那裡有你的競爭對手，你希望自己也能跟上他們的想法。想和企業主管委員會一較高下的潛在競爭對手，就必須先複製這個網絡才行，但是只要企業主管委員會的網絡持續成長，看起來就不太可能辦到。

由此可見，網絡效應是很強大的競爭優勢，並不是無法超越，但在多數情況下，競爭對手都很難做到。這也是不容易發現的護城河，但找到時，再多的研究都是值得的。

結語

1. 公司的產品或服務的價值隨著用戶數的增加而提升時，公司就是因網絡效應而受益。信用卡、網拍、一些金融交易所都是很好的例子。

2. 網絡效應是一種很強大的競爭優勢，在以分享資訊或連結用戶為基礎的事業中比較常見，在處理實體物品的事業中很少看到。

第六章

成本優勢

精明、靠近或與眾不同

目前為止，我們討論過的競爭優勢來源都是把焦點放在價格上，或是公司可從顧客身上擷取多少價值。無形資產、轉換成本、網絡效應都讓公司可以為產品或服務收取更多的錢。和價格對應的當然就是成本，公司也可以因為長期成本都比競爭對手低，而在事業周遭挖出護城河。

成本優勢可能是持久的，也可能迅速消失。身為投資人，你必須要能判斷競爭對手是否能複製公司的成本優勢。過去幾年很多公司都宣稱他們把客服中心或製造廠遷到中、印、菲等低成本地區，所以得以降低成本。彷彿中階管理者建議從勞工成本少兩成的工廠取得低階零件當天，管理者的集體智商在一夕間都加倍了一樣。

這不是什麼天才高見，也不是持久的競爭優勢，因為其他公司也很可能取得同樣的低成本資源。一家汽車零件供應商開始從中國取得低附加價值的零組件時，它的競爭對手需要多久才打同一通電話，安排類似的供應線？不需要很久，因為競爭對手等得愈久，他們就可能因成本太高而喪失愈多的生意。在全球化經濟中，使用成本最低的原物料，是公司在價格敏感度高的產業裡營運的唯一方法。

當然，價格是顧客購物標準中的一大考量時，成本優勢最為重要。這些產業通常是一般商品業，但不見得完全都

是。例如，英代爾相對於超微半導體（AMD）有很大的價格優勢，微處理器並非一般品（理論上，一般品是指除了價格以外毫無差異的產品）。

我想另一個辨識成本優勢是不是業內一大關鍵因素的方法，是想像有沒有商品可以輕易取代該產品。雖然英代爾的晶片一定和AMD的晶片不同，但從使用者的角度來看，它們的作用大同小異，那個性價比最好，就愈容易獲得買家的青睞。英代爾的長期成本可能較低，但如果AMD的晶片性能較好（曾出現一段時間），使用者可能會暫時改用AMD的產品。

接著，我們從很小的晶片改看很大的窄體客機。信不信由你，對窄體客機來說，道理也大致相同。波音737和空中巴士A320雖是相當複雜的產品，但是從航空公司的角度來看，它們並沒有太大的差異。它們的尺寸差不多，載運的乘客數也差不多，所以航空公司購買新飛機時，主要是看哪家製造商（波音或空中巴士）可以提供較好的方案，依此做出決定*。（只採用一種飛機的航空公司〔例如西南航空與捷藍

---

* 註：新波音787可能會改變這個動態，因為它加入幾項中巴士還無法迎頭趕上的新科技，不過航空公司購買舊機型時，可能還是以售價為主要決定因素。

航空〕比較算是例外，而非常態。）

　　美國汽車製造商和日本汽車製造商相比也是類似的情況。沒人會把福特Taurus與本田Accord汽車搞混，但它們提供的功能差不多，所以價格較低（或許故障較少）的車子便是市場上的贏家。成本對汽車製造商來說非常重要，因為價格是影響買家決策的一大要件。

　　成本優勢可能來自四種來源：**較便宜的流程、較好的位置、獨特的資產、較大的規模**。規模導向的成本優勢有好幾種形式，它們都非常重要，所以我另闢第七章說明什麼時候愈大真的愈好。本章中則是一一說明其他三類的成本優勢。

較好的策略

　　流程優勢很有意思，因為理論上它們無法長期存在而形成競爭優勢。畢竟，公司想出一種方法以更低的價格提供產品或服務時，競爭對手難道不會馬上模仿那個流程，讓自己的成本架構也媲美領先者嗎？當然，這種情況終究會發生，只是時間可能比我們預期的還久。為什麼競爭對手通常需要

那麼久的時間才能跟進，讓最初創造低成本流程的業者在那段時間內獲利許多，這點值得我們深入探討。

我不會老調重彈戴爾公司（Dell）因流程所享的成本優勢以及西南航空的低價策略，大家都聽過他們的案例太多遍了。戴爾跨過配銷商，直接接觸賣家，以接單後生產的方式提供個人電腦。西南航空只使用一種噴射客機，減少昂貴的停機時間（航空術語稱爲「高周轉率」），培養節約的員工文化。

真正有趣的不是戴爾和西南航空**如何**以低於競爭對手的價格出售電腦與機位，而是他們的低價流程明明是眾所皆知的資訊，**爲什麼**他們可以在各自的市場中獨領風騷。兩者的原因不太一樣，但一樣發人深省。

在西南航空的例子中，目前各大航空業者之所以沒有模仿它的低成本流程，原因有好幾個。第一，工會結構僵化，所以這些航空公司的飛行員還不會開始幫忙清理飛機。第二，西南航空是採點對點的航線結構，各大航空公司無法以這種方式，利用成本昂貴的軸輻中心服務獲利不錯的路線與國際旅客。第三，西南航空強調平等：不分客艙級別、無指定座位，但航空業一般都是靠禮遇一些貴賓，藉此提高收費

而獲利。總之，各大航空公司必須全面顛覆他們的營運方式，才能獲得西南航空的成本優勢，而徹底顛覆事業是很難的一件事。

不過，以上說明並未回答為什麼其他數十家新興的航空業者都沒有成功依循西南航空的方式。部分原因在於西南航空已占住次級機場的空位，再加上他們有先見之明，持續搶占新飛機的供應量，新飛機的營運成本遠低於舊飛機。不過，另一個一樣重要的原因是，西南航空成長到足夠的規模後，各大航空公司才發現它是一大威脅，等到他們察覺時，西南航空已⬛⬛⬛⬛⬛以消滅。後續出現的新興業者在營運初期，就面臨各大航空公司的削價反擊。由於新進業者一開始只有幾條航線，他們撐不過長期的虧損便結束營運。

其他個人電腦製造商一開始也是放任戴爾營運，就像各大航空公司最初放過西南航空一馬那樣，因為負責把電腦從製造商送到最終用戶手中的經銷商與零售商在配銷通路中的地位實在太重要了，IBM、康柏（Compaq）或任何想複製戴爾模式的公司都必須徹底顛覆營運模式，才能和戴爾以平等條件一較高下。但其他新公司為何不複製戴爾的商業模式？

其實有幾家電腦公司，例如美光（Micron）與捷威（Gateway），在1990年代的確試過複製戴爾的商業模式，但他們都黯然收場。美光一次經營好幾個其他的事業線，所以無法有效複製戴爾超有效率的供應鏈。捷威則是為了創造差異化與投入消費者市場而開設零售店。現在雖然很難想像，不過1996年戴爾█████████規模與獲利相當，但後來戴爾把存貨降到前所未聞的超低水準，捷威則是在商店街開設零售店，兩家公司的營運發展開始出現天壤之別。

在做出結論之前，我們再來看另一對有流程導向成本優勢的公司。諾可（Nucor）與鋼鐵動態公司（Steel Dynamics）都經營小型煉鋼廠，他們用比美國鋼鐵（U.S. Steel）與伯利恆鋼鐵（Bethlehem Steel）等老字號綜合鋼鐵廠更便宜的流程煉鋼。諾可從1969年開始生產等級較低的鋼鐵產品，迅速以低成本與高彈性的生產模式，從綜合鋼鐵廠搶走市占率。鋼鐵動態公司是1990年代中期由諾可離職員工所創辦，如今是美國成本最低的煉鋼廠。它的基本流程和諾可一樣，但技術比諾可超前25年。

在本例中，由於老字號綜合鋼鐵廠已在目前的營運模式中投入數十億美元，不能就這樣放棄舊有模式，改換新技

術，所以諾可和鋼鐵動態公司便善用新科技的優勢搶占市場。再加上鋼鐵市場的新進業者也可以用類似的小型煉鋼流程跨入市場（有些業者也的確這麼做了），所以高成本綜合煉鋼廠的市占率大量流失，諾■■■■動態公司與其他新的小型煉鋼廠都有亮眼的資本報酬■■

現在我們把時間快轉到現在，觀察西南航空、戴爾、小型煉鋼廠等三個例子的營運。這三類公司都還運作得不錯，但如今他們的護城河已不如五或十年前那麼堅固，為什麼？

西南航空的成本結構還是比各大航空公司便宜（其實這不是很難做到），但它也面臨捷藍（JetBlue）與穿越航空（AirTran）等業者的競爭，這幾家業者可以取得較新的飛機，以及次級機場成本較低的位置。再加上大型航空公司的財務狀況每下愈況，讓低價航空公司更容易壯大規模（大型航空公司連維持營利都很辛苦，他們已沒有額外的資源擊潰新進業者）。也因此新進的低價航空業者得以仿效西南航空的成功祕訣，打出一樣的低價策略。

而戴爾方面，它還是目前成本最低的個人電腦製造商，但是在惠普大力整頓事業以削減成本，還有IBM把個人電腦事業賣給更懂得經營的聯想（Lenovo）之後，戴爾的優勢

已大幅縮小。另外，戴爾也因個人電腦市場的轉變而受到波及。戴爾擅長銷售平價的桌上型電腦給企業戶以及確切知道自己想要什麼的消費者。但最近個人電腦市場的成長大都來自於筆記型電腦與一般消費者。戴爾在筆電方面幾乎沒有成本優勢，不太懂技術的一般消費大眾也不習慣在缺乏零售店銷貨人員的服務下購買電腦。

　　小型煉鋼廠則是面臨阿塞洛米塔爾鋼鐵集團（Arcelor Mittal）等全球大廠的激烈競爭，阿塞洛米塔爾在世界各地許多開發中國家都有成本極低的營運據點（例如哈薩克的勞工成本極低）。隨著貿易障礙漸減，具有龐大規模經濟的新競爭對手崛起，小型煉鋼廠的成本優勢也跟著減弱。

　　所以，這些案例的結論是，流程導向的成本優勢在現有業者不可能迅速模仿，以及新進業者無法複製流程，或即使複製也可能破壞產業經濟的情況下，可以創造暫時的護城河。但要特別注意的是，戴爾與西南航空之所以成功，有部分原因在於競爭對手的怠惰或策略錯誤（例如捷威）。因競爭對手怠惰或失誤而建立的護城河並不是很堅固，所以投資人應該要密切注意流程導向的護城河，因為競爭對手模仿低成本流程或自行開發新流程後，他們的成本優勢通常也會跟著流失。

地點優勢

第二種成本優勢是源於地利之便，這類成本優勢比流程導向的優勢更穩固，因爲位置比較難以模仿。這類優勢在又重又便宜（價值對重量比低的商品），而且又在產地附近消耗的一般商品上較爲常見。

首先，我們回到第三章提過的垃圾運輸業者與集料公司的例子，他們不僅因爲社區大都不希望住家附近有新的掩埋場或採石場而有法令護城河，還有因地點而產生的成本優勢。垃圾車到掩埋場的距離愈遠，或砂石車要載運到工地的距離愈遠，他們倒垃圾或運砂石的成本就愈高。所以，公司的掩埋場或採石場離顧客愈近，成本愈低，競爭對手比較難搶走他們的市場。

我們觀察集料公司的採石成本即可清楚看出這點。採石場挖掘砂石與砂礫的成本約是一噸7美元，以卡車載運到送貨點的路程中，每英里額外的成本是每噸0.1到0.5美元不等。所以運送五到七英里，成本就增加10%，這些都會轉嫁到顧客身上。實務上，這也表示集料公司對靠近採石場的建商來說是一種小型的獨占事業，在方圓五十英里的範圍內（採石場可供應的大略範圍）幾乎沒什麼競爭對手。

　　水泥廠在某半徑範圍內也有類似的定價能力，你曾想過為什麼你常在市區附近或其他不協調的地方看到老舊的水泥廠嗎？因為那間水泥廠可能是為那一區建設專案供應水泥成本最低的廠商，可能獲利還很高（所以納稅也高，可幫業主抵擋想在那個地點蓋公寓大樓的當地政客）。水泥廠就像採石場那樣，常在周遭打造小型的獨占事業。

　　有些鋼鐵公司（但不是全部）也因為有難以複製的地點優勢而享有較低的成本，例如前國營事業浦項鋼鐵（Posco）壟斷韓國的鋼鐵市場，掌控韓國約75%的產量。雖然浦項必須進口原料，有損成本，但因為它的位置靠近韓國龐大的汽車業與造船業，所以享有運輸成本上的優勢。此外，浦項把鋼鐵輸往中國只需一天，能以低於巴西或俄羅斯煉鋼廠的成本供應中國客戶（巴西與俄羅斯的原料成本較低，但運輸成本較高）。隨著中國煉鋼廠的品質逐漸改善，以及高級鋼鐵的產量漸增，浦項的優勢也會稍微減弱，但過去幾年它都還有滿大的地點優勢。

唯我獨尊

第三種成本優勢是可取得全球獨到的資產，通常只有大宗物資的生產者有這樣的優勢。如果一家公司很幸運能擁有一塊資源儲藏地，開採的成本比其他業者低，通常它就有競爭優勢。

例如，超越能源公司（Ultra Petroleum）是一家中型的能源公司，在懷俄明州擁有有利的地產，所以能以極低的成本生產與銷售天然氣。他們在那塊地還未開發前就以極低的價格買進，所以獲利是北美天然氣業者的兩倍。例如，超越能源的天然氣田鑽取成本約七百萬美元，但鑽取北美其他儲量相當的天然氣田則需1700萬到2500萬美元的成本。這是很大的成本優勢，讓超越能源成為晨星關注的能源公司中資本報酬率最高的公司。

另一家也有這種成本優勢的公司是一家晨星關注好幾年的小公司，它在很有趣的岩鹽業中營運（是高速公路上除冰用的鹽，不是撒在薯條上的鹽），名叫羅盤礦業公司（Compass Minerals）。羅盤礦業在安大略省的高德瑞契（Goderich）有一塊礦區，由於地質獨特、規模龐大，讓他們得以用全球最低的成本開採岩鹽（他們現在開採的礦脈厚

逾30米）。而且高德瑞契礦區就在休倫湖（Lake Huron）附近，羅盤礦業可以沿著河流與渠道以極低的成本把鹽運到美國中西部。由於鹽很便宜，運輸成本低讓羅盤礦業更具優勢，另外穩定的需求來源（中西部的冬天氣候通常都很糟）也有幫助。

如果你仔細觀察，就會發現不止挖掘礦藏的公司享有這類優勢，以巴西的阿拉克魯士公司（Aracruz Cellulose）為例，它不僅是全球最大的紙漿生產業者，也是成本最低的生產者，為什麼？很簡單，生產紙漿所用的桉樹在巴西的生長速度比世界各地都快（在巴西，樹苗長大只需七年，在隔壁的智利需要十年，在北美等溫帶地區則需二十幾年）。從這裡不難看出，如果阿拉克魯士的物料來源每七年就可更新一次，而其他競爭對手種樹的時間比它長50%到200%，阿拉克魯士就能以較低的資本生產較多的紙漿。

是很便宜，但持久嗎？

成本優勢是很強大的競爭優勢來源，但有些成本優勢維持的時間較久，有些比較短暫。流程導向的優勢通常需要密

切關注，因為即使它們可以維持好一段時間，那通常是因為競爭對手暫時無法複製流程所致。一旦競爭對手不再受限，護城河可能迅速縮減。因地點或擁有獨特資產而產生的成本優勢比較持久，也比較好分析。有地點優勢的公司通常會塑造出小型的獨占事業。擁有全球罕見的天然資源，原本就是難以複製的優勢。

　　當然最大的成本優勢是規模經濟，規模優勢可以創造非常持久的經濟護城河。至於在什麼情況下，愈大真的愈好呢？那是我們下一章要談的主題。

結語

1. 價格是顧客購買決策中的一大決定因素時,成本優勢對這類產業最爲重要。思考某項產品或服務可否輕易被取代,即可找出以成本優勢創造護城河的產業。

2. 較便宜的流程,較好的地點,獨特的資源都能創造成本優勢,但流程導向的優勢需要特別注意,因爲一家公司能發明的流程,另一家公司就能模仿。

第七章

規模優勢

如果你知道自己在做什麼，
愈大可能愈好

只有比較大才是比較好。

談到規模產生的成本優勢時，切記一點：公司的絕對大小沒有它和對手的相對大小來得重要。兩家大公司主宰整個產業（例如波音與空中巴士）時，他們相對於彼此，不太可能有什麼規模導向的成本優勢。不過，本章稍後我們會討論到，公司即使絕對規模很小，只要它比競爭者大很多，也可能有扎實的護城河。

想了解規模優勢，應該要記得固定成本與變動成本之間的差異。以本地超市為例，它的固定成本是租金、水電、基層員工的薪資。變動成本是商品的批發價，或許節慶等高流量時期還需發放額外的薪資。相反的，房地產仲介公司幾乎只有變動成本，除了辦公室、電話、汽車、電腦連線上售屋資料庫以外，仲介除了支付跟著房地產銷售而變動的佣金（沒銷售就沒佣金），並沒有多少其他的成本。

廣義而言，固定成本相對於變動成本的比例愈高，產業的集中度通常也愈高，因為規模的效益較大。這也難怪全國只有幾家快遞公司、汽車製造商、微晶片製造商，但小型房地產仲介、顧問公司、律師事務所、會計師事務所卻有好幾千家。有千名律師的事務所相對於有十名律師的事務所來說並沒有什麼成本優勢，它提供的服務項目可能比較多，可能

因此獲得較多的業務，但相對於較小型的競爭者，它並沒有多大的成本優勢。

我們可以把規模導向的成本優勢進一步分成三類：配送、製造、利基市場。雖然基礎經濟學很強調製造規模，但依我的經驗，因具備龐大配送網絡或主宰利基市場而產生的成本優勢也一樣強大，而且在愈來愈服務導向的經濟體中，這類企業也比較常見。

貨車的價值

龐大的配送網絡可能是極大的競爭優勢來源。思考把東西從A點搬到B點的搬運業，你就可以輕易明白箇中道理了。我們來看貨運業卡車車隊的固定與變動成本，卡車本身（無論是買或租的）是固定成本，司機的薪資與卡車上路需要消耗的汽油也是固定成本。唯一真正的變動成本是業務繁忙時的加班薪資以及某比例的汽油（你可以把卡車走完一般路徑所需的汽油想成固定燃料成本，如果卡車需要跑到一般路線以外的偏遠地區，這些路段消耗的汽油就是變動成本）。

　　雖然打造與經營貨運網絡是很昂貴的服務基礎建設，但卡車車隊每多送一件物品，額外增加的利潤卻很高。試想，一旦回收固定成本後，在固定路線上多運一件物品，獲利都很高，因為多停一站幾乎沒有什麼變動成本。現在想像你需要和一家已打好配送網絡的公司競爭，它可能已經回收固定成本，現在每多運一件貨品都可賺進豐厚的額外利潤，而你則必須<u>先吸收一段時間的大量損失</u>，累積足夠的規模後才會開始獲利。

　　事實上，UPS的資本報酬率之所以比聯邦快遞（FedEx）高，有一大原因是它的營業利潤中，宅配包裹占的比率較高，隔夜信件服務的比例較低。密集的陸運網絡比隔夜快遞服務的資本報酬率高。半滿的貨車還是可能回收成本，但載運時效性包裹的半滿貨機不見得能回收成本。

　　很多有運送網絡的事業都可以打造這類經濟護城河。以在美國經營紅龍蝦（Red Lobster）連鎖海鮮餐廳的達登餐飲事業（Darden Restaurant）為例，雖然這事業聽起來可能沒什麼大不了，但是把新鮮的海鮮運到全美六百五十家分店可不是一件簡單的任務，擁有龐大的配送網絡讓達登得以更有效率地用低於競爭對手的成本完成這項任務。達登因分店比競爭對手多出許多，顯然因配送規模而受益。

　　我們從美味的蟹腳再談到沒那麼可親的醫療廢棄物，無菌回收公司（Stericycle）是美國最大的醫療廢棄物收集與處理公司，從這家公司也可以看到龐大的配送優勢。無菌回收公司比業界第二大公司大十五倍，所以它有無人能及的路線密度。每條路線的收集站愈多，路線的獲利愈高，資本報酬率也愈高，經濟護城河愈寬。配送網絡愈大愈密，表示無菌回收公司可以把定價壓得比競爭對手低，依舊享有較高的利潤。

　　龐大配送網絡很難複製，通常是寬廣經濟護城河的來源，從美國最大的食品服務配送商西斯科（Sysco），到全美最大的工業用緊固元件配送商快扣公司（Fastenal），再到可口可樂、百事可樂、帝亞吉歐（Diageo）等大型飲料公司都可以看到這種現象。

愈大可能愈好

　　成本優勢也可能來自製造規模，最典型的例子是有裝配線的工廠，工廠運作愈接近100%的量能，獲利也愈高。工廠愈大，愈容易把租金與水電等固定成本攤分到較多的產量

上。此外，工廠愈大，愈容易專業分工或機械化生產。不過，近年來，由於中國與東歐有大量低價員工加入全球經濟，導致一些製造業從歐洲與北美外移，而使得這類成本優勢稍微減弱。不過，對有些公司來說，這還是一種優勢。

或許埃克森美孚就是最好的例子，它因為在許多營業項目上都有規模經濟，所以營業成本比其他超大型的綜合石油公司都低。雖然在探勘與開採天然氣與石油等上游營運方面，他們的規模優勢比較不明顯，但在煉油與石化營運方面，規模優勢則相當明顯，資本報酬率遠高於瓦萊羅（Valero）與巴斯夫（BASF）等競爭對手。

製造規模不一定是指生產設備比競爭者大，如果我們把規模想成把固定成本分攤到較大的銷售量上，非製造業的公司也可以因規模經濟而受益。例如電玩巨擘藝電（Electronic Arts）就比小型公司更容易開發精彩的電玩遊戲，因為一檔電玩遊戲的上市成本（目前約2500萬美元）幾乎是固定的，藝電可用較大的銷量攤分鉅額的遊戲開發成本。

在英國方面，我們在英國最大的付費電視服務供應商天空衛視（BskyB）也看到類似的情況。天空衛視可比對手付出更高的價格取得內容，因為它有較多收視戶攤分成本，它的收視戶數約是第二大業者維珍傳媒（Virgin Media）的三

倍。所以，天空衛視可以購買較多場的超級聯賽轉播權，較多的電影首播權，較多的美國熱門電視節目，這也因此吸引更多的收視戶加入，讓天空衛視更有財務實力強化播放的影視內容。市場上沒有新進業者會為了搶收視戶而願意承擔大額財務損失，和天空衛視競標播放內容，所以天空衛視看起來有很寬大的經濟護城河。

雞首獲利多

最後一種規模優勢是主宰利基市場。即使公司的絕對規模不大，但在特定市場區隔中比其他競爭對手大，就可以產生很大的優勢。事實上，在規模只能支持一家公司獲利的市場中，公司可以建立近乎獨占的優勢，因為對新進業者來說，為了跨入市場而投入資本並不符合經濟效益。

例如，《華盛頓郵報》在愛達荷州波易斯（Boise）之類的較小城市中，擁有幾個有線電視系統，這些地方只夠支撐一家有線電視服務業者。競爭對手不會特地投入資本開發競爭系統，因為市場的總獲利只夠養一家公司。如果競爭對手真的開了第二家有線電視公司，兩家公司都沒有足夠的顧客

可以讓雙方都獲利。雖然衛星電視的出現讓這些小城市的有
線業者優勢稍減，但他們仍是利基市場護城河的不錯例子。

　　有利基市場護城河的公司光是生產平凡的產品，就能創
造很好的資本報酬率。例如，大家可能都沒想過工業幫浦，
但是製造優質噴漆槍與食物調理幫浦其實獲利很高。明尼亞
波里斯市有一家小公司名叫固瑞克（Graco, Inc.）就是生產
這兩類產品，資本報酬率高達40%。

　　那是怎麼辦到的？首先，高階工業幫浦的市場並不大，
所以財力雄厚的大型競爭對手不覺得這個市場很有吸引力。
第二，固瑞克大量投入研發（約占銷售額的3%到4%），使
公司永遠走在顧客要求的前端。第三，固瑞克的產品常可達
到顯而易見的效果，卻只占總生產成本的一小部分而已。想
想家具上的染料與亮漆或新車的烤漆，這些最後的潤色工作
和產品的總成本相比並不高，卻是消費者第一眼就能看到的
東西。所以固瑞克可以對家具製造商或汽車製造商要求較高
的價格。多花這些錢並沒有影響桌子或跑車的成本太多，但
的確提高了固瑞克的利潤。

　　雖然這類競爭優勢在小型製造公司上比較常見，卻
不限於工業界。例如，有一家小巧的軟體公司叫黑板
（Blackboard），在學習管理系統的市場中，幾乎囊括三分之

二的市場。這類系統是大學用來聯繫全校教職員與學生的應用軟體，黑板的軟體讓教師可以在上面出作業，讓學生合作進行專案，促進師生間的溝通。這個市場就像工業幫浦一樣不是很大，所以不太可能吸引微軟或奧多比之類的大廠加入。另外，這也是高度專業的市場，競爭對手在成功打下江山以前，可能需要大幅擴充資源以了解顧客想要什麼。由於這個市場比較小，很少公司願意做這樣的嘗試。

最後一個主宰利基市場的例子是私人基礎建設公司，雖然這在美國並不常見，但在世界其他地方則愈來愈多，機場可能是最好的例子。全球各地有很多機場是私營的，例如墨西哥大多數的機場、紐西蘭的奧克蘭機場、阿姆斯特丹的史基浦機場（Schipol）等等。法令許可（無形資產）當然是機場享有的一種競爭優勢，單一業者獨享的優勢也適用在這種情況下。很多市場的航空流量就只夠支持一個機場獲利，所以即使競爭對手取得法令許可，能在奧克蘭或巴亞爾塔港（Puerto Vallarta）附近開設第二個機場，這麼做也不一定能創造不錯的資本報酬率。所以這可有效阻擋新進業者跨入市場，讓許多機場享有寬廣的經濟護城河。

結語

1. 寧爲雞首，不爲牛後。重點在於公司相對於產業的規模，而非公司的絕對大小。

2. 用比別人更便宜的方式運送物品，可以享有更高的獲利。

3. 規模經濟和公司做什麼事業無關，但規模經濟可以創造持久的競爭優勢。

第八章

護城河受蝕

我失去優勢，無法振作

　　目前為止，我們只談到強大競爭優勢的徵兆：創造經濟護城河的事業架構性特色。如果我們只要找出有護城河的公司，等合理價買進，永遠持有，讓競爭優勢不斷幫資本增值，那投資一點也不難。可惜，世界並非靜止不動的，所以情況也變得錯綜複雜。

　　世界上再好的分析，碰上市場中無法預期的改變時也是枉然。十年前，紐約證交所的專業人士可以呼風喚雨，如今則乏人問津。三十年前，寶麗來（Polaroid）改變大家對照片的看法，但早在數位影像終結軟片業以前，這家公司就已經緩慢消失。長途電話與報紙曾是可靠與高獲利的事業，現在卻經營得相當辛苦，這種風光不再的例子不勝枚舉。

　　這些事業都曾擁有強大的競爭優勢，但世界的改變導致他們的沒落，雖然改變可能是機會，但也可能嚴重侵蝕一度寬廣的經濟護城河，這也是為什麼你應該持續追蹤投資標的的競爭地位，注意護城河受蝕的跡象。如果你可以提早發現競爭優勢變弱的現象，就可以大幅提高保留績優股獲利的機會，或是減少投資失利的損失。

遭到取代

這類威脅有兩種,第一種是銷售科技的公司(軟體、半導體、網路設備)在激烈競爭中未能維持頂尖地位。當然,銷售科技的公司通常一開始就很難建立持久的競爭優勢,要摧毀從不存在的護城河並不容易。被競爭對手取代基本上是多數科技公司的宿命,因為他們通常是靠推出比對手更好／更快／更便宜的產品贏得生意。所以他們經常面臨的風險是,更好的商品上市後,眼見自己的競爭優勢在幾個月內消失。某位研究競爭優勢的學者曾一針見血地說:「長期而言,任何東西都沒什麼大不了。」

有時候,一件商品因為遠比其他商品優異而讓公司壯大,最後公司彷如業界的標準。讓黑莓機普及的動態研究公司(Research in Motion)就是一例。但沒有設定標準能力的科技廠商比較常見的下場則是逐漸為大眾所遺忘(還記得Palm嗎?)或是苟延殘喘幾年,等更大的公司把他們併購之後,股東才得以解脫。

顛覆性科技影響非科技業的公司時,是更難以預期與嚴重的威脅,因為科技變化永遠破壞他們的事業以前,這些公司看起來好像都有非常強大的競爭優勢。公司原本就沒什麼

競爭優勢時，優勢遭破壞是一回事；公司原本是台永遠的印鈔機，卻一夕間報廢又是另一回事。

顛覆性科技的例子很多，以柯達為例，他們稱霸美國相片業數十年，獲利豐厚，如今只能在數位世界中勉強占有一席之地。2002到2007年，柯達的累積營業收入只有八億美元，比前五年少85%。柯達能否在數位攝影界成功經營仍有待觀察，但產品週期短的消費性電子業比柯達以前賣底片、相紙與化學藥劑等進步緩慢但獲利很高的事業更難經營。

報業曾是世界上獲利數一數二的產業，靠著各地新聞、廣告與分類小廣告產生大量穩定的現金流量。但如今好景不再，網路已對發送每日新聞的事業造成無法挽救的傷害。報紙還不會很快消失，但他們的獲利不太可能像過去那麼高了。

網路也對曾經獲利很高的長途電話業造成永遠的破壞。數十年來，電信公司靠著聯繫遠端的個人與事業創造很高的獲利，如今網路電話可以取代長途電話，老字號電信業者面臨前所未有的經營困境。任何人只要有電腦和免費的軟體，每分鐘只要花幾毛錢就能打長途電話。長途電話費一度是長途電話業者可靠的現金來源，如今也永遠消失了。

你也可以問唱片公司的高階主管，網路對唱片業的影

響，他們鐵定是唉聲連連。

最後一個投資人會有切身感受的例子，是過去幾十年的證券交易所經驗（尤其是和場內自營商與專業人員交手的經驗）。1970年代末期，那斯達克變成一大競爭對手，顯示全面電子化交易比交易場的人工交易更便宜，潘朵拉的盒子就此打開。那斯達克的交易量逐漸增加，再加上通訊與計算成本愈來愈低，促成群島交易網路系統（Archipelago）等場外交易網路的出現。愈來愈多的交易量不經過場內自營商與專業人員處理，導致他們的地位岌岌可危，再加上買賣價的價差愈來愈小，也使他們的獲利縮水。

當然，破壞整個產業經濟架構的顛覆性科技很少，但是對未能及時發現變化的投資人來說，它們都是錐心之痛。有一點應該謹記的是：投資人投資科技促成的公司時，可能不覺得他們是持有科技股，但是顛覆性科技對科技促成的事業護城河，比對**販售**科技而衍生的事業護城河有更大的破壞力。

產業震盪

就像科技變化可能侵蝕強大的護城河一樣，產業結構的改變也可能對公司的競爭優勢產生持久的破壞。當原本分散的客群開始集中時，這就是一種應該注意的常見變化。

在美國，目標百貨（Target）、沃爾瑪等等大型量販店的崛起，讓許多消費性商品公司的經濟狀況開始惡化。雖然造成高樂氏（Clorox）與紐威（Newell Rubbermaid）等公司的定價力減弱有很多原因，但集中客群的購買力增加一定是一大主因。以紐威為例，該公司的品牌也受到辦公總匯（Office Max）與史泰博（Staples）推出的自家品牌辦公用品所威脅。

在另一個零售領域中，街角五金行消失，由勞氏公司（Lowe's）與家得寶兩大業者所取代，因此傷及許多五金用品供應商的經濟狀況。就連老字號的史丹利（Stanley Works）與百工（Black & Decker）也因為透過勞氏與家得寶銷售大量的產品而失去定價力，勞氏與家得寶比四散的獨立五金行擁有更強的議價能力。

產業狀況的改變當然不見得是在國內，東歐、中國、其他地方的低價勞工進入全球勞動市場，永遠破壞了許多製造

業的經濟情況。在一些例子中，勞工差距大到讓一些原本有地點優勢的公司也只能眼看著競爭優勢消失，因為低價勞工所節省的成本已足以抵銷高運輸成本。美國的木材家具業就親眼見證了這種現象。

最後一個應該注意的改變是非理性競爭者跨入產業。政府認為是策略性成立的公司，即使獲利會因此減少，可能還是會為了達成政治或社會目的而採取行動。例如，多年來為飛機製作噴射引擎的市場，一直是由奇異、普惠（Pratt & Whitney，聯合科技公司所擁有）與英國勞斯萊斯（Rolls-Royce）等幾家公司所寡占。長久以來，這個產業的標準運作方式是以成本或比成本稍低的價格銷售引擎，但利用服務合約獲取高額利潤。由於噴射引擎可用好幾十年，所以長期的服務費收入相當可觀。

但是1980年代中期，勞斯萊斯出現財務困難，需要英國政府的補助才能持續營運。管理高層為了拯救公司以及贏得國內大公司的訂單，開始削減引擎與維修合約的價格。可惜的是，即使勞斯萊斯後來轉虧為盈，他們還是維持這種削價做法，導致普惠與奇異的利潤跟著縮水好一陣子，因為他們在定價上也被迫跟進。噴射引擎仍是有不錯經濟護城河的事業，奇異的獲利也已經反彈了，但當時勞斯萊斯的行動讓

三家業者都一起受害。

不好的成長

有些成長可能會導致護城河受蝕。事實上，我認為企業最常自損競爭優勢的情況，就是在<u>沒有護城河的領域中追求成長</u>。大多數企業管理者都以為公司愈大一定愈好（大公司的管理者通常薪水比小公司的管理者高，所以這種想法也不是完全不合邏輯），所以他們可能會擴充獲利較少的事業。

我最喜歡舉的例子就是微軟，沒錯，微軟還是有很寬的護城河，但我認為過去十年微軟試圖擴充核心作業系統與辦公生產力以外的事業，並沒有好好照顧股東。微軟投資的錢坑清單比你想的還長，Zune、MSN、MSNBC等等只是其中幾項。你知道微軟曾經推出一系列叫Actimates的兒童玩具嗎？還有1990年代末期，他們在好幾家歐洲的有線公司上揮霍了三十億美元嗎？

如果微軟沒投入這些領域，如今的規模雖然會小一些（就員工數與銷售額來看），但如果不亂投資這些沒競爭優勢的產業，他們已經很高的資本報酬率還可以再更高。軟體公

司跑去成立有線新聞頻道，這是在玩什麼花樣？拜託！

微軟就像許多護城河很寬的事業那樣，他們發現自己產生的現金比再投資核心Windows/Office事業所需的資金還多，所以他們選擇把那些現金拿來打造與擴充競爭優勢較弱的事業。微軟因為獲利好得出奇，所以亂投資也不會讓整體資本報酬率掉到太糟的水準，但不是每家公司都那麼幸運。對獲利沒那麼好的公司來說，投資沒護城河的事業可能會影響資本報酬率，而導致整個事業都變成沒吸引力的投資標的。

你可能會問，微軟應該如何運用那些不需要用來持續擴充業務與改善Windows的現金流量。他們的確使用一些錢擴充相關領域，而且成果還不錯，例如資料庫軟體與伺服器的作業系統。其實微軟應該把剩下的錢直接以股利形式發給股東，發股利是有效配置資本的工具，但公司卻最少使用。

公司大量投資沒競爭優勢的領域，等於是自己把護城河填平了。

不，我不付

這點比較像是護城河受蝕的跡象而非起因，但一樣重要。如果以往可以經常調高價格的公司開始遇到顧客的反彈，這就是公司競爭優勢減弱的明顯徵兆。

以下是晨星分析團隊最近關注的例子。2006 年底，我們有位分析師發現，販售資料庫軟體的甲骨文比較無法像以前那樣提高軟體維修合約的價格。以往，銷售龐大的軟體給大型事業時，維修合約是獲利最高的部分。通常大企業會比較喜歡把維修包給出售軟體的原廠商負責，因為大家都認為原廠商應該最熟悉程式，也最了解最新版的軟體與功能。此外，甲骨文每隔一段時間就會宣布不再支援舊版軟體，迫使公司升級。所以甲骨文每年都可以提高維修費用一些，顧客雖有些抱怨，也只能付錢。

但現在為什麼甲骨文的維修價格會引起反彈呢？我們深入探究，發現有幾家第三方支援公司崛起，獲得不錯的生意。如果第三方業者可以可靠地提供維修服務，顧客就不一定要升級成新版軟體。這種趨勢很可能會持續下去，為甲骨文獲利可觀的營收帶來壓力，可能因此縮減它的護城河。

我失去護城河，無法振作

　　物理學家與哲學家尼爾斯・波耳（Niels Bohr）曾說：
「預測很難，預測未來更是困難。」但我們在評估公司競爭
優勢的持久性時，就是需要這麼做。有時候未來會丟給你一
個曲線球，這時你就應該重新評估公司的護城河是否還原封
不動，還是意外事件已對公司的競爭優勢造成永久的破壞。

結語

1. 科技改變可能破壞競爭優勢，不過這對科技促成的事業來說，比對銷售科技的事業來說是更大的危機，因為那效果可能更難以預期。

2. 如果公司的客群變得更集中，或是競爭對手的目標不是為了獲利，護城河可能就有危險了。

3. 成長不見得都是好事，公司最好在擅長的領域裡賺很多錢，然後把剩餘的獲利發給股東，而不是把多出來的盈餘投入沒有護城河的可疑事業。微軟或許可以為所欲為，但大多數的公司並沒有那樣的本錢。

第九章

找尋護城河

五花八門

身為智慧投資人，最棒的一件事就是你可以隨心所欲，你不必被迫投資A產業或B產業，可以自由檢視整個投資界，忽略你不喜歡的東西，買進你喜歡的標的。如果你想買有經濟護城河的股票打造投資組合，這種選擇的自由特別重要，因為有些產業的護城河比其他產業容易打造。

我再重複一次，因為這點很重要：有些產業競爭非常激烈，經濟狀況不好，想創造競爭優勢難如登天。有些產業比較沒那麼競爭，連普通的公司都可以維持扎實的資本報酬率（沒人說過人生是公平的）。身為投資人，投資障礙低的產業比投資障礙很高的產業更有可能成功。

我們就來看兩種極端的產業：汽車零件與資產管理業。比較這兩種產業並不公平，不過這正是我的用意。晨星關注十三家汽車零件公司，只有兩家有經濟護城河，其他公司都很難產生不錯的資本報酬率，即使能達到，也無法持久。

以美國輪軸製造公司（American Axle）為例，它是幫通用汽車與克萊斯勒製作輪軸。五年前，美國人流行買休旅車時，美國輪軸的資本報酬率還不錯，約11%到15%。但2003年起，休旅車業績大減，再加上公司的成本架構不佳，使公司開始虧損，資本報酬率降至個位數水準。同樣的故事，稍微改變一下，也可能發生在許多汽車零件製造業者的身上，

他們在競爭激烈的市場中營運，財務狀況都很糟。

✳ 再來看資產管理業，晨星追蹤十八家上市的資產管理公司，每家都有經濟護城河（事實上，有一半的業者有寬廣的護城河，其他業者的護城河比較窄＊）。雖然跨入資產管理業的障礙很低（只要花十萬美元付律師費與註冊費，任何人都可以成立共同基金公司），但成功的障礙很高，因為公司通常需要廣大的經銷網絡才能募到許多資金。不過，一旦募到資金，通常會待比較久，這表示募到龐大基金管理規模的基金經理人通常可以輕鬆產生較高的資本報酬率。

我們來思考資產管理公司可能碰到的最糟情境，想像專以某種方式投資的公司剛好碰到那種方式失靈，使原本出色的報酬率暴跌。幾年後，大家發現公司讓大客戶以損及其他長期基金投資人的方式交易基金，公司因此陷入很大的法律爭端。明星基金經理人離職，許多投資人也贖回基金，基金管理規模幾乎腰斬。

這樣就完蛋了嗎？還遠呢。本世紀初，駿利（Janus）

＊註：在晨星，我們把有競爭優勢的公司分成兩群。具有持久競爭優勢的公司分入「寬廣護城河」組，有競爭優勢但不是那麼強大的公司則分入「狹窄護城河」組。我們將在第十一章中進一步討論兩者的區別，到時會舉一些例子說明。

就是碰到這樣的情境，公司深陷危機底部時，營業利潤跌至11%，後來又恢復成25%。這就是有復原力的商業模式，亦即有護城河的保護。

到適當的地方找護城河

圖9.1把晨星追蹤的兩千多檔股票分成不同的產業，這樣就可以看出哪些市場有較寬的護城河。

在科技業裡，你可以看到軟體公司通常比硬體公司更容易創造護城河，這不只是因為會計因素（硬體公司通常比軟體公司更資本密集），也和這兩大類產品的用法很有關係。軟體通常需要和其他的軟體相容才能順利運作，這種相容性鎖住消費者，使他們產生較高的轉換成本。硬體通常有共通的產業標準，比較容易以新的硬體替換。當然，還是有重要的例外，尤其是硬體公司把軟體嵌入產品中，創造轉換成本的時候（例如思科）。不過在軟體業界通常比在硬體業界更容易找到護城河。

過去幾年電訊業歷經許多紛擾，但是看到我們追蹤的電訊業者中，竟然有近三分之二的公司有護城河，還令人有點

訝異。不過原因很簡單：晨星追蹤的電訊業者有一半是外國企業，他們國內的法令環境通常比美國的法令更有利業者發展。一般而言，電訊業的護城河通常是源自於有利的法規架構，或是因為競爭對手對利基市場沒有興趣（例如美國鄉下地方的一些電信業者）。不過，如果你要找有競爭優勢的電訊公司，最好是往國外找。

雖然有些媒體公司最近經營不善，但這個產業還是尋找績優股的好地方。迪士尼與時代華納（Time Warner）等公司掌控龐大的獨特內容，那些內容最初的製作成本可能很高，但後續無止盡的重新發行幾乎毫無成本。一般而言，我們發現多元性與掌控配銷通路可以幫媒體公司創造競爭優勢，萬一某個媒體資產喪失人氣時，也有緩衝的餘地。不過隨著網路破壞一些行之已久的商業模式，許多媒體公司受到顛覆性科技的威脅比其他產業還大。具有強大品牌（迪士尼）或廣大傳播通路（康卡斯特〔Comcast〕）的公司，看來是最有可能存活下來、護城河完好如初的公司。

保健公司和電訊公司一樣也要面臨法規挑戰，健保給付制度的改變會讓小公司的經濟狀況一夕變樣，不過大公司的產品多元可以抵擋這樣的風險。圖9.1中，有護城河的保健公司比率很小，不要被那個比率給騙了，因為小型生技公司

圖9.1 按產業分護城河

產業	狹窄護城河%	寬廣護城河%	全部護城河%
軟體	49	9	58
硬體	26	5	31
媒體	69	14	83
電訊	59	0	59
保健服務	31	11	42
消費服務	32	7	39
企業服務	36	13	49
金融服務	54	14	68
消費性商品	32	14	46
工業原料	31	3	34
能源	55	6	61
水電	80	1	81

與單一產品公司的數量太多，所以保健業的資料有些偏頗。
一般而言，在銷售保健產品的公司裡（例如藥品或醫療器
材），比在提供健保服務的保健組織（HMO）與醫院裡更容
易找到護城河，因為服務差異化通常比需要多年研發外加
FDA核准才能上市的產品還難。龐大的藥廠與器材公司通常
都有扎實的競爭優勢，不過也不要輕忽靠主宰利基市場建立

扎實護城河的較小保健公司,例如專治睡眠呼吸中止症的偉康(Respironics)與瑞士美(ResMed),以及專門驗血的基因探測公司(Gen-Probe)。

直接鎖定消費者的公司(例如餐廳與零售業者)通常很難建立競爭優勢,消費服務公司有寬廣護城河的比例是所有產業中最低的一個。主要原因是轉換成本低,因為從一家店或餐廳走到另一家極其簡單,而且流行的概念幾乎都可以輕易模仿。超人氣的流行零售業者或餐廳連鎖店往往因為迅速成長與展店迅速,而讓人誤以為他們有護城河,但要當心,因為很有可能不久就會出現類似的概念。消費服務公司如果真的有護城河(例如寢浴用品〔Bed Bath & Beyond〕、百思買〔Best Buy〕、目標百貨或星巴克),通常是因為他們多年來做對很多事情所累積的結果,衍生可靠的顧客經驗,讓顧客產生忠誠度並一再消費。這是做得到的,但並不容易。

為企業提供服務的公司在很多方面都和餐廳與零售業者有天壤之別。這個產業有寬廣護城河的比例,在晨星追蹤的產業中算最高的一個,主要是因為這些公司通常可以把自己和客戶的事業流程做密切的整合,因此創造很高的轉換成本,讓他們享有定價能力與很高的資本報酬率。DST系統公司與費哲公司等資料處理商就屬這一類。寰宇藥品

Marsh、AON?

資料管理公司（IMS Health，處方藥）或鄧白氏（Dun & Bradstreet）、艾貴發（Equifax，授信記錄）等公司擁有不可能複製的資料庫，也屬於這一類。這個市場也有很多主宰利基市場的公司，例如無菌回收公司（醫療廢棄物）、穆迪投資服務公司（債券評等）、實集公司（FactSet，財金資料匯集）、黑鮑公司（Blackbaud，非營利事業的募款軟體）。雖然企業服務公司離你日常關注的事物比較遠，但他們通常都有寬廣的護城河，值得你花心思了解。

　　金融服務業是另一個找尋有護城河公司的好地方，有些領域的進入門檻很高（誰想創立大型投資銀行，和高盛〔Goldman Sachs〕、雷曼兄弟〔Lehman Brothers〕等業者競爭？），而轉換成本可保護普通銀行的獲利（如第四章所述）。每家資產管理公司幾乎都有粘著性資產創造持久的資本報酬率。芝加哥商業交易所和紐約商業交易所因網絡效應而受惠。不過在保險業方面，雖然有前進汽車保險商（Progressive Casualty Insurance Company）與AIG等異數具有寬廣的護城河，但保險公司通常比較難建立護城河，因為他們的產品比較像一般商品，轉換成本低。另外，比較小的專業借貸機構與房地產投資信託公司也比較難建立持久的競爭優勢。金融公司就像企業服務公司一樣，值得多花點時間

去了解，因為金融報表和大多數公司的報表很不一樣。不過為了可能的報酬，做這些努力是值得的，這個市場中有很多護城河。

✦很多巴菲特所謂的「無可避免」的公司，例如可口可樂、高露潔棕欖（Colgate-Palmolive）、箭牌（Wrigley）、寶鹼等等，都屬於消費性商品業，他們有非常持久的品牌與永不退流行的產品。這個產業和金融服務業一樣，有寬廣護城河的公司比例也最高。原因很容易看出來：青箭口香糖和高露潔牙膏不是一夕造成的，需要花很多資本打廣告與不斷創新，才能讓它們的地位持久不墜。這個產業是另一個尋找護城河的好地方，但要小心品牌價值可能稍縱即逝的公司（肯尼士柯爾〔Kenneth Cole〕或湯米席爾菲格等服飾製造商）、私有品牌產品可能會產生威脅的公司（卡夫食品或台爾蒙〔Del Monte〕）、低價勞工可能永遠改變產業的經濟狀況（伊莎艾倫〔Ethan Allen〕或鋼架〔Steelcase〕）。「無可避免」的公司可能最廣為人知，不過也不要忽略主宰利基市場的公司，例如香料業的味好美（McCormick & Company）、地毯業的摩霍克工業公司（Mohawk Industries）、珠寶業的蒂芙尼、包裝業的希悅爾（Sealed Air）。

成本是最重要的考量時，很多公司都很難挖掘護城河。

這也是為什麼我們在工業原料業中很少看到護城河的原因。不管你是開採金屬、生產化學原料、煉鋼、或是製作汽車零件，你的產品都很難和競爭對手的產品差異化，這表示顧客只在乎價格的高低。無論你喜不喜歡，一般商品業中都只有幾家公司能產生真正持久的成本優勢。在金屬業裡，我們發現只有規模最大的公司才有能力創造護城河，例如必和必拓（BHP Billiton）與力拓（Rio Tinto）。

不過，不要因此完全忽略工業公司，很多投資人就是這樣。願意深入探索的投資人就可以在這個市場中找到一些真正的績優股。這些股票特別吸引人的地方是，很多投資工業類股的投資人通常會把它們視為龐大的團體，在經濟蓬勃發展時買進，經濟不好時賣出。雖然這個產業裡有很多公司的確會受到整體經濟狀況的影響，但大家容易跟著景氣把好壞公司一律拋售的現象，可為尋找競爭優勢的我們創造很大的機會。畢竟，這個產業裡有很多主宰利基市場的公司，例如生產工業幫浦的固瑞克、專做水處理的納爾科（Nalco）。也有具備成本優勢的公司，例如煉鋼的鋼鐵動態公司、生產建築混凝土的瓦坎（Vulcan）。還有因為轉換成本很高而受益的公司，例如國防業的通用動力公司（General Dynamics）、專做進階金屬鍛造的精密鑄件公司。如果你知道該找什麼，

傳產業也有很多護城河。

　　表面上，能源類股很像一般金屬業，但這裡的護城河可能比你想的還要普遍，原因有兩個。第一，專門生產天然氣的公司因<u>天然氣難以長程輸送而受益</u>。雖然銅或煤可以輕易運往世界各地，天然氣只能以管線運送比較符合經濟效益，而管線並無法跨海延伸。所以，北美的天然氣業者可以因為成本較周邊競爭對手低而建立護城河，他們不需要和中東地區超便宜的天然氣競爭。所以，北美的天然氣生產者可以靠開發低成本的天然氣蘊藏地而建立護城河，輕鬆營運。石油和天然氣不一樣，石油是全球交易，還有石油輸出國家組織（OPEC）把油價維持在相對高檔的水準。高油價為許多石油生產業者（但非全部）創造不錯的資本報酬率，此外只有少數幾家財力雄厚的大廠有資源開發愈來愈難開採的油田。

　　令人意外的是，我們也在一個不知名的利基能源市場中發現很多護城河：<u>管線業</u>。很多經營管線網絡，輸送天然氣、汽油、原油、多種能源相關產品的公司都是公開上市公司，都是獲利不錯的事業。一般而言，建造管線需要取得法令許可，不一定都很容易拿到。很多管線都因為第七章提過的利基經濟而受惠：兩點間沒有足夠的需求支應多家管線業者時，單一業者就享有局部獨占的優勢，可收取法定費率的

上限。此外，那些法定費率可能都很誘人，因為管線業的法規比水電業寬鬆。管線業通常是探「業主有限合夥」（master limited partnership）架構，對投資人來說會產生一些稅務影響，通常不適合個人退休帳戶（IRA）或401(k)之類的延稅帳戶。不過，這個能源利基市場有誘人的報酬，還有護城河的保護，還是值得在報稅時多花一兩個小時。

最後談到水電業，在經濟護城河方面，他們有點奇怪。他們在某些地區有自然獨占的優勢，看起來像是有寬廣護城河的事業，但管理當局也明白這一點（對投資人來說不幸，對消費者來說有幸），所以他們的資本報酬率通常會被壓在比較低的水準。管理當局不是那麼嚴苛時，對水電業來說就是最棒的資產。每一區的規範差異很大，美國東北部與西岸的規範最嚴苛，東南部的規範比較寬鬆。一般而言，水電業不是護城河很多的地方，不過只要你注意買進的價格，低成本的資產與寬鬆的規範單位也能創造不錯的報酬。

衡量公司的獲利

我希望目前為止讀者已經了解護城河可以幫公司長時間

獲利，因此增加公司的價值。那麼衡量公司獲利的最好方法是什麼呢？簡單，我們看公司的獲利**相對於**投入事業的資金比率。從數字的觀點來看，這是區別績優股與平庸股的眞正關鍵，因爲公司的職責就是募集資金，投資專案、產品或服務，以產生更多的資金。產出的資金高於投入的資金愈多，事業愈好。

了解公司每塊錢的投入資本賺取多少獲利，可以讓我們知道公司運用資金的效率。運用資金的效率愈高，事業經營得愈好，也是比較好的投資標的，因爲他們可以用更快的速度幫股東創造財富。

你可以用下面的方法思考。管理公司就像管理共同基金一樣，共同基金的經理人向投資人籌募資金，把這些錢拿來投資股票或債券以創造報酬，能創造12%報酬率的基金經理人，可比只能創造8%的經理人更快幫投資人增加財富。公司其實也是一樣的道理，他們拿股東的錢，投資自己的事業以創造財富。衡量公司創造的報酬，我們就知道公司把資金轉變成獲利的效率有多高。

所以我們該如何衡量資本報酬率？三種最常見的方法是資產報酬率（ROA）、股東權益報酬率（ROE）、投入資本報酬率（ROIC）。這三種指標都是提供同樣的資訊，只不過方

式稍有不同。

資產報酬率衡量公司每塊錢的資產可產生多少收入，如果所有公司都只是一堆資產組成的，我們就可以用這個指標算出滿意的答案。這是個不錯的起點，網路上很多公司都有提供這樣的計算，例如 Morningstar.com。廣義來說，能持續產生 7% 資產報酬率的非金融公司就可能有某種贏過同業的競爭優勢。

不過很多公司都還有一些債務融資，所以資本報酬率中也包含我們需要考慮的財務槓桿要件。也因此我們看到股東權益報酬率，這也是計算整體資本報酬率的不錯指標。股東權益報酬率是衡量公司運用股東資本的效率，可以把它想成每塊錢股東資本所創造的獲利。股東權益報酬率有一個缺點，公司可以大幅舉債拉抬股東權益報酬率，但獲利卻毫無增加。所以觀察股東權益報酬率時，最好也同時看公司舉債多少。股東權益報酬率和資產報酬率一樣，任何財金網站上都可以找到大部分公司的數據。同樣的，廣義而言，你也可以用 15% 的股東權益報酬率作爲合理的標準，能持續創造 15% 股東權益報酬率的公司比較可能有經濟護城河。

最後我們看到投入資本報酬率，它兼顧了兩種優點，衡量所有投入公司的資本報酬，不分股東權益或負債。所以它

也把負債納入考量（和資產報酬率不同），但排除股東權益報酬率可能讓財務槓桿高的公司看起來獲利很高的幻覺。它對獲利的定義也不同，可以排除公司融資決策（舉債或募股）所產生的效果，所以我們可以看到代表事業真正運作效率的數字。計算投入資本報酬率的方法有好幾種，公式可能很複雜，所以數字不像資產報酬率與股東權益報酬率那樣容易取得。結論是，你應該用類似股東權益報酬率與資產報酬率的方法解讀投入資本報酬率：報酬愈高愈好。

往錢多的地方去

護城河可以增加公司的價值，因為它們讓公司可以維持高獲利更久。我們想用資本報酬率衡量公司的獲利，因為有效運用資本的公司可以更快增加股東的資本。那聽起來很合理，但護城河不光只是幫我們找出更強大、更有價值的公司而已，護城河應該是你選股流程的核心。

不過切記，你不需要在各類股中都投資。跟著大家一窩蜂投資，不管產業是否有吸引力，是不明智的做法。銀行大盜威利・薩頓（Willie Sutton）說，他之所以搶銀行，是因

為「錢就在那裡」。身為投資人，你應該謹記威利的邏輯：有些產業的結構就是比其他產業獲利更好，護城河就在那裡，你的長期投資也應該投入那個方向。

結語

1. 有些產業比其他產業更容易創造競爭優勢，人生本來就不公平。

2. 護城河是絕對的，不是相對的。在結構好的產業中績效排名第四的公司，它的護城河可能還比在競爭激烈的產業中表現最好的公司還寬。

第十章

大老闆

管理高層沒你想得那麼重要

∨

說到經濟護城河，管理高層沒你想得那麼重要。

對習慣在財金雜誌的封面與電視上看到知名執行長的人來說，這句話可能會讓你覺得很錯愕，但這麼說並沒有錯。長期競爭優勢的基礎在於第三到第七章提過的結構性事業特點，管理高層對這些特點的影響很有限。當然，我們都記得在艱困產業中表現優異的佼佼者（星巴克就在咖啡連鎖事業外挖了經濟護城河），但這些公司比較像是例外，而非常態。（還記得1990年代貝果連鎖店所掀起的狂熱嗎？不記得了？看吧！）

這個觀點和知名商管作家柯林斯的主張正好相反，他附和許多企管大師的主張，寫道：「卓越多半都是有意識選擇的結果。」

不，「有意識的選擇」並無法把營運困頓的汽車零件公司轉變成高獲利的資料處理者，就像我喝櫻桃可樂、吃時思糖果（See's Candies）也無法變成巴菲特一樣。公司是否有經濟護城河，產業的競爭動態通常比管理決策的影響還大。這不是因為管理者大都沒有能力，而是因為有些產業的競爭狀況原本就沒有像其他產業那麼激烈。商場有個冷酷的事實：有些執行長想維持高資本報酬率就是比別人輕鬆。

　　誠如第九章所述，有些產業就是比其他產業更容易建立護城河。對著資產管理公司、銀行、或資料處理業者的名稱隨便射飛鏢，比隨便選個汽車零件公司、零售業者、或科技硬體公司的長期資本報酬率都高。雖然商學院與管理大師都希望我們相信，依循簡單的最佳實務做法就能讓優秀的公司變成卓越的公司，但事實不然。當然，精明的管理的確可以讓好公司變得更好，我也比較想投資由精明能幹者經營的公司，而不是一群笨蛋領導的公司。愚蠢的管理者當然會拖累卓越的公司。不過，管理決策對公司長期競爭優勢的影響，鮮少大於公司結構性特質的影響*。

　　回想第九章提過的駿利案例，管理高層做盡了拖垮事業的事，但駿利的獲利只低迷幾年就回升到高檔。我們也可以看H&R布洛克報稅服務公司（H&R Block），他們把資金投入老式平價券商（Olde Discount Brokerage）那樣的錢坑，卻仍因蓬勃的報稅事業而享有豐厚的資本報酬率。麥當勞因

---

*註：你可能覺得在新興公司裡不是這樣，因為管理高層對較小較新的公司有較大的影響力，但最近芝加哥大學的教授史蒂文‧卡普蘭（Steven Kaplan）研究發現其實不然。卡普蘭和同仁最近在論文〈投資人該賭騎師還是賭馬？公司從早期企畫到公開上市的證據〉的結論裡提到：「新興公司的投資人應該更重視事業的強弱，而不是管理團隊的強弱。」

為偏離消費者口味，再加上服務不好而有幾年生意下滑，但後來也因為麥當勞有持久的品牌優勢而迅速扭轉頹勢。這三個例子都證明，長期而言，結構性競爭優勢比不當的管理決策影響更大。

現在再想想賈克‧納瑟（Jacques Nasser）、保羅‧普萊斯勒（Paul Pressler）、蓋瑞‧溫德（Gary Wendt）等等明星執行長想扭轉福特汽車、GAP、康薩可（Conseco）公司的情況。這三個例子最後都是完全失敗（康薩可還破產），這不是因為他們沒努力或是缺乏管理智慧。當汽車製造廠的結構成本比競爭對手高、時尚零售業者有過時的品牌形象、貸款者的帳上有太多壞帳時，你能做的事其實不多。全世界最棒的工程師也無法用沙堆出十層樓高的沙堡，巧婦也難為無米之炊。

巴菲特講過一句話最能一語道破這種現象：「以優異出名的管理者，整頓以業務慘澹出名的事業時，不動如山的是事業的慘澹名聲。」

備受推崇的執行長慘遭產業殘酷動態所牽累的案例中，我最喜歡舉的例子是捷藍航空的大衛‧尼勒曼（David Neeleman）。尼勒曼創辦捷藍航空時有完美的管理資歷，在

那之前，他曾經創辦一家航空公司，營運好到讓向來不願併購的西南航空也願意出資併購。之後，在等候和西南航空簽訂的競業禁止合約期滿的期間，他到加拿大幫忙創立一家低價航空公司。捷藍航空創立時，尼勒曼有全新的飛機，又打出機內衛星電視與皮椅等特色。由於新飛機的維修成本比老飛機低，捷藍需要的維修較少，營運也比較有效率，所以上市後的財報相當亮眼，營業利潤高達17%，股東權益報酬率有20%。

可惜，好景不長，隨著飛機的老化與員工年資的累積，捷藍的成本也開始上揚。此外，皮椅等配備也很容易仿效（西南航空馬上就跟進了）。大型航空公司在破產保護下大膽出擊，和捷藍在某些路線上展開價格戰，捷藍的營業利潤開始大跌。在撰寫本書之際，捷藍的股價比五年前首次公開發行的股價低30%。雖然捷藍也做了一些不是那麼恰當的管理決策，但公司績效低落大都錯不在尼勒曼。航空業原本就是很難經營的產業，那也是最後導致公司經營困難的原因。

明星執行長情結

爲什麼執行長通常會受到投資人那麼多的關注？原因有兩個，一個原因比較明顯，一個比較隱約。

明顯的原因是，財金媒體需要吸引觀衆，執行長是容易引人注目的簡單題材，誰不想看到《財星》五百大企業的執行長創獲利紀錄的報導，或聽管理高層談論公司成功的海外擴張策略？管理高層通常都很樂於公開宣傳，財金記者也喜歡順勢爲大家感興趣的公司撰寫報導，這是一種雙贏的做法，卻對投資人有害，讓大家誤以爲這些管理者就像明星主廚掌控廚房的菜色一樣，掌控著公司的命運。可惜的是，就連名廚查理·卓特（Charlie Trotter）也會因爲地方小館子內廚房食材而捉襟見肘，傑出的執行長在經營困難的產業中也難以施展長才。

大家之所以那麼注意管理者，以爲他們是公司命運的仲裁者，另一個隱約的原因是因爲我們都存有偏見。人先天就會想說一些不存在的故事，看一些不存在的型態。爲看到的每個效果找出緣由，總讓我們覺得好過一些。找出事情是某個人造成的，又比怪罪「缺乏競爭優勢」更讓人滿意。但事實的眞相是：在缺乏競爭優勢的公司裡，執行長很難創造優

勢。在原本競爭優勢就很強的公司裡，執行長也難破壞優勢。

投資人很容易就記住例外的情況：設法在難以經營的產業中創造護城河的公司，他們通常有見解獨到的卓越執行長。星巴克、戴爾、諾可、寢浴用品、百思買等公司都在極其競爭的產業中為股東創造大量的財富。但是只注意這些公司的成功，以為他們的經驗就是常態而非例外，我們等於是把「有可能」和「很可能」混為一談。那樣是不好的，因為投資獲利最重要的是累積對自己有利的機率。

比起沒護城河但執行長可能是下個傑克‧威爾許（Jack Welch）的公司，有護城河但管理者普通的公司爆出負面意外的機率較低。假設你小心做了競爭分析，有護城河的公司比較可能維持競爭優勢（管理者可能讓公司表現得更好，或可能比你預期的還糟，但你還有護城河可以當靠山）。相反的，沒有護城河的公司必須排除萬難才能成功，管理者必須至少如你預期般那麼優秀，才能在競爭激烈的環境中勝出。萬一執行長沒你想的那麼出色，公司的績效只會下探。

你可以用下面的方式思考：哪種情況比較容易改變？公司所處的產業？還是公司的管理高層？答案很明顯，管理者來來去去，但深處困頓產業的公司則是永遠深陷其間。既然

我們知道有些產業的結構就是比其他產業好，產業對公司獲利與維持資本報酬率的影響當然是比執行長的影響還大。

　　管理高層很重要，但管理者的影響所及只在公司競爭優勢所界定的範圍內。執行長不可能在不受外界影響下營運，雖然卓越的管理者可為公司加分，但管理者本身並非持久的競爭優勢。

結語

1. 賭騎師，而不是賭賽馬。管理者雖然重要，但遠不如護城河來得重要。

2. 投資和機率有關，普通的執行長管理有寬廣護城河的公司，比卓越的執行長管理沒護城河的公司，更有可能長期為你帶來優異的績效。

第十一章

實務範例

五個競爭分析的實例

　　念大學與研究所的時候，我理論念得很差，除非可以套上具體的案例，否則每次碰到大方向的抽象概念，我總是左耳進、右耳出。念研究所時，我讀了很多政治學的東西，努力啃了馬克斯‧韋伯（Max Weber）、卡爾‧馬克思（Karl Marx）、埃米爾‧涂爾幹（Émile Durkheim）等偉大政治思想家的理論，卻說不上喜歡這些東西（當然提出「創造性破壞」的熊彼得〔Joseph Schumpeter〕除外）。相反的，我很喜歡閱讀從一堆多元證據歸納出一套主題或理論的書。以前我從沒想過這和我的工作有什麼關係，但如今回想起來，那對於從下而上做證券基本面分析的分析師來說，是不錯的基礎訓練。

　　本章中，我想逐一分析五家公司，從下往上檢視，把目前為止提過的經濟護城河理論都拿來測試一番。畢竟，你把本書學到的東西加以應用時，就是這個樣子。你會在財金雜誌上讀到公司的報導，或是聽基金經理人或同事提起某家公司，你會因為好奇而自己做點研究。所以我以我覺得最實際的作法，挑選本章分析的公司：我從最近幾期的《財星》、《巴隆》（Barron's）等等大型投資雜誌，選出媒體看好的五家公司。

　　圖11.1顯示我用來判斷這些公司是否有護城河的三步驟流程。第一步是「秀出錢來」：過去這家公司有不錯的資本報酬率嗎？分析時，最好盡量拉長資本報酬率的觀察期間，因為公司一兩年表現不佳並不會因此喪失護城河。（上Morningstar.com可以免費取得十年的財務資料。）

　　如果過去的資本報酬率不佳，未來也不可能好轉，公司就沒有護城河。畢竟，競爭優勢應該要顯現在數字上，公司如果還沒有能力創造額外的經濟報酬，就不需要對它抱什麼希望。過去報酬欠佳的公司有可能正蓄勢待發，但那樣的樂觀看法還需要事業大幅好轉才行。那的確會發生，找到結構改善的公司可以幫你賺很多錢，但這類公司比較像是例外，而非常態。

　　所以如果沒有扎實的資本報酬率為證，通常就表示沒有護城河。但如果公司過去有不錯的資本報酬率，接下來就比較麻煩一些。第二步是找出競爭優勢，也就是說，找出公司為何能抵擋競爭對手，創造額外的經濟報酬。即使公司以往有不錯的資本報酬率，如果那些報酬沒什麼理由持續到未來，公司也很有可能沒有護城河。如果我們不思考高報酬為什麼能維持在高檔，我們就像一直看著後視鏡往前開車一樣，這通常不是什麼好主意。想想零售商與連鎖餐廳，消費

圖 11.1 護城河流程

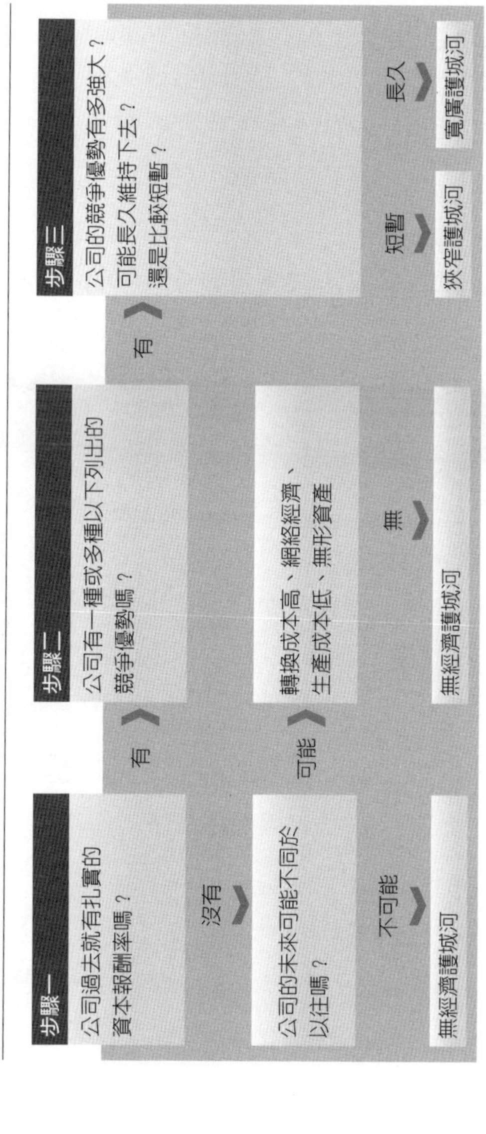

步驟一
公司過去就有扎實的
資本報酬率嗎？

沒有 》 公司的未來有可能不同於
以往嗎？

不可能 》 無經濟護城河

步驟二
公司有一種或多種以下列出的
競爭優勢嗎？

有 》 可能 》 轉換成本高、網絡經濟、
生產成本低、無形資產

無 》 無經濟護城河

步驟三
公司的競爭優勢有多強大？
可能長久維持下去？
還是比較短暫？

有 》 短暫 狹窄護城河

長久 寬廣護城河

者的轉換成本極低，所以這些產業內的公司需要規模、品牌、或其他可防禦的優勢才能創造護城河。沒有優勢，高資本報酬率可能很快就消失了。過去就有很多熱門零售業或餐飲概念只紅了幾年就銷聲匿跡的案例。

第二步是應用所有競爭分析工具的地方。公司有品牌嗎？有專利嗎？顧客很難改用競爭對手的產品嗎？公司享有持久的較低成本嗎？公司因網絡經濟而受益嗎？公司可能受顛覆性科技或產業動態改變的影響嗎？

假設我們已經找到一些競爭優勢的證據，第三步是分析那優勢可能持續多久。有些護城河是真實的，但競爭對手可能很容易就越過護城河。有些護城河很寬，可以肯定地預測未來多年都能產生高資本報酬率。這當然是很主觀的判斷，這也是為什麼我不建議大家把公司分得太細。在晨星，我們只把公司分成三類：寬廣護城河、狹窄護城河、沒有護城河。以下的例子中，我也會循著同樣的方式分析。

現在我們就開始套用這些流程吧。

尋找護城河

第一個例子是迪爾公司（Deere & Company），迪爾除了製作同名的農具機外，也販售建築機械。從圖11.2可看出，過去十年迪爾都有不錯的資本報酬率，雖然1999到2002年業績重挫，不過由於農業是周期性產業，所以那沒有什麼好擔心的（如果迪爾是販售乳酪或啤酒的公司，我們就需要進一步探究了）。所以根據數據，迪爾看起來是有護城河。

現在我們開始做競爭分析，什麼原因讓迪爾產生扎實的資本報酬率？未來那樣的報酬可能持續嗎？品牌當然是有幫助，迪爾已有170年的歷史，農人對迪爾的品牌通常有極高的忠誠度。不過，迪爾的競爭對手凱斯建築設備（Case Construction Equipment）與新荷蘭（New Holland）也各有死忠的用戶，所以一定還有其它的原因。

圖11.2　迪爾公司

迪爾（DE）	97	98	99	00	01	02	03	04	05	06	最近12個月	平均
淨利（%）	7.5	7.4	2.0	3.7	–0.5	2.3	4.1	7.0	6.6	7.7	7.3	—
ROA（%）	6.2	6.0	1.3	2.6	–0.3	1.4	2.6	5.1	4.6	5.0	4.5	3.5
財務槓桿	3.9	4.4	4.3	4.8	5.7	7.5	6.6	4.5	4.9	4.6	4.7	—
ROE（%）	24.9	24.8	5.9	11.6	–1.5	8.9	18.0	27.1	21.9	23.6	20.8	16.9

　　結果發現，關鍵在於迪爾廣大的經銷網，他們在北美的經銷網比競爭對手廣泛。經銷商可以迅速取得零組件，完成迪爾裝備的整修，因此可縮短關鍵種植期與收割期的機器故障時間。在短時間內修好故障的機器很重要，因為迪爾的顧客對時間都相當在意。農人一年可能只有幾週會用到一台三十萬美元的收割打穀機，在那幾週內，機器非得順利運作不可。由於競爭對手也可能複製這種經銷網，所以迪爾的品質大幅下滑時，農人可能會改用其他品牌的機器，所以很難說迪爾有寬大的護城河。不過競爭對手要模仿它也要花好幾年的時間，而且也不確定競爭對手真的會這麼做。所以我認為迪爾有狹窄但扎實的經濟護城河，我們肯定迪爾未來幾年還是會持續產生扎實的資本報酬率。

　　接著我們從農地轉往居家，下個例子是瑪莎史都華生活全方位媒體公司（Martha Stewart Living Omnimedia），這家公司專門授權瑪莎‧史都華的品牌，也發行雜誌，製作電視節目。由於瑪莎‧史都華人氣很旺（雖然短暫入獄沈潛了一陣子），大家可能預期這家公司的獲利很好。我們來看圖11.3的數字。

　　看來不太亮眼嘛，第一眼看還有點令人擔心，因為即使在瑪莎尚未身陷囹圄的全勝期，公司的股東權益報酬率也不

圖 11.3　瑪莎史都華生活全方位媒體公司

瑪莎史都華生活 全方位媒體公司 （MSO）	99	00	01	02	03	04	05	06	最近 12 個月	平均
淨利（%）	11.0	7.5	7.4	2.5	-1.1	-31.8	-36.2	-5.9	-9.3	—
資產報酬率 （%）	9.1	7.4	7.2	2.3	-0.9	-20.8	-29.2	-7.1	-12.6	-5.0
財務槓桿	1.4	1.5	1.4	1.4	1.3	1.4	1.6	1.7	1.8	—
股東權益報酬率 （%）	12.8	10.8	10.5	3.2	-1.2	-28.1	-43.5	-11.7	-22.6	-7.8

到 13%，雖然那不是很糟的資本報酬率，但是對於一開始不必投入大量資本的事業來說，我們會期待比這數字更好的績效。畢竟全方位媒體公司又發行雜誌又製作電視節目，還授權其他公司使用瑪莎‧史都華的品牌，他們也沒有一堆工廠或昂貴的存貨。所以瑪莎‧史都華的品牌雖有人氣回升的跡象，我還是覺得這家公司沒有經濟護城河，這不是一件好事。

　　我們從沒什麼投入資本的公司再看到另一家投入資本龐大的公司：美國第二大產煤業者阿齊煤炭（Arch Coal）。大宗物資公司通常很難挖掘經濟護城河，所以我們開始分析時，可能對這家公司還有點存疑。不過看了數字以後，卻發現他們的資本報酬率還些微提升到不錯的水準。2004 年阿齊

煤炭似乎開始好轉，2006與2007都有扎實的績效，參見圖
11.4。

　　我們再深入探索，看過去幾年是不是有異常的現象，資
本報酬率可不可能跌回不佳的水準，以及是否有什麼因素改
善了阿齊煤炭的結構。首先，2005年底，阿齊煤炭賣出幾
個阿帕拉契中部的賠錢礦區，這點有利未來的資本報酬率。
第二，阿齊煤炭是掌控懷俄明州粉河盆地（Powder River
Basin）煤礦供應量的四大公司之一，水電公司對這區生產
的煤礦有很大的需求量，因爲這裡的煤含硫量較低，硫磺是
燃煤時排出的主要污染物之一。

　　以上的幾點都不錯，但是阿齊煤炭如果只是和粉河盆地
的其他產煤公司競爭，除非它的產煤成本比同業低很多，否
則它並沒有護城河（它的成本並沒有比同業低）。不過，在

圖11.4　阿齊煤炭

阿齊煤炭（ACI）	97	98	99	00	01	02	03	04	05	06	最近12個月
淨利（%）	2.8	2.0	-22.1	-0.9	0.5	-0.2	1.2	6.0	1.5	10.4	7.3
資產報酬率（%）	1.8	1.3	-13.2	-0.6	0.3	-0.1	0.7	4.0	1.2	8.2	5.0
財務槓桿	2.7	4.7	9.7	10.2	3.9	4.1	3.5	3.0	2.6	2.4	2.4
股東權益報酬率（%）	5.0	4.9	-80.6	-5.5	1.8	-0.5	2.7	12.9	3.4	20.5	12.0

粉河盆地開採煤礦比在美國其他地區開採煤礦便宜（粉河盆地遠離耗煤的人口密集區，所以運輸成本較高，但即使考慮運輸成本後，這裡的煤礦還是比較便宜）。在大宗物資產業裡，如果你能以低於同業很多的成本生產，你就有護城河。

那爲什麼我們在阿齊煤炭的資本報酬率中看不出這個成本優勢？結果發現，阿齊煤炭幾年前以更低的價格簽了長期銷售契約，這些契約最近才到期，改簽售價較高的新約，這表示未來的資本報酬率應該會比過去高很多。所以我想我們可以暫時設定阿齊煤炭有狹窄的經濟護城河，但這是我們要密切注意的護城河。萬一粉河盆地的生產成本大增，或是政府頒佈新法令，課徵排碳稅，讓煤炭變成比較沒有吸引力的資源，我們就得重新評估一切。不過根據目前已知的資料，阿齊煤炭似乎有（很）狹窄的護城河。

我們要分析的第四家公司沒有前面三家那麼有名，但是分析這家公司可以從中學到很多關於護城河的知識。快扣公司經銷多種維修、修補、作業產品給美國各地的製造商與包商。它是透過約兩千家組成的網絡經銷，如公司名稱所示，他們專賣扣件。這項業務可能聽起來很乏味，但是我們先來看數字確定一下。（參見圖11.5）

圖11.5 快扣公司

快扣公司 (FAST)	97	98	99	00	01	02	03	04	05	06	最近12個月	平均
淨利（%）	10.3	10.5	10.8	10.8	8.6	8.3	8.5	10.6	11.0	11.0	11.1	—
資產報酬率（%）	22.9	23.2	23.0	22.4	16.0	14.6	13.9	18.4	20.1	20.6	19.0	19.5
財務槓桿	1.2	1.2	1.1	1.1	1.1	1.1	1.1	1.1	1.1	1.1	1.2	—
股東權益報酬率（%）	28.0	27.6	26.2	25.2	17.9	16.3	15.6	20.8	22.7	23.3	21.7	22.3

　　哇！不管你對這項業務有什麼看法，這些數字看來一點也不乏味。過去十年，快扣的平均股東權益報酬率都超過20%，而且財務槓桿很低，這是很罕見的績效。事實上，在晨星的資料庫裡，市值超過五億美元的三千檔股票中，只有五十家有這樣優異的資本報酬率。當然，問題在於快扣是一時鴻運當頭？還是它真的有競爭優勢，所以能維持高資本報酬率？

　　深入分析這家公司時發現，快扣因地點導向的規模經濟而受惠，就好像第七章討論的水泥與混凝土公司一樣。螺絲、錨、螺帽等扣件很重，運送成本高昂，扣件本身的成本不高，所以快扣公司因為有很多家店離顧客很近，而享有很大的成本優勢。距離近也表示快扣通常可以比競爭對手更快

送貨，這也是一大優勢，因為製造商通常都是有東西壞了才會需要扣件，故障停工對製造商來說是很昂貴的成本。

快扣公司的據點數是最大競爭對手的兩倍，所以它似乎可以維持規模上的優勢，尤其它又壟斷好幾百個小地區，那些地方的獲利並沒有高到讓競爭對手想要進入。另外，快扣公司也有自己的車隊，可以載運產品到每個據點或到顧客的工地，這比用UPS之類的第三方運送者成本還低。所以，競爭對手想和快扣挑戰，就需要有類似規模的配銷網絡，還得願意到只夠支持一家經銷商的市場內，設立不符合經濟效益的據點。那聽起來是很艱鉅的任務，所以我認為快扣有寬廣的護城河，未來很多年都還可以產生很高的資本報酬率。

最後一個例子，我要說明除了觀察公司過去產生的資本報酬率是否扎實外，為什麼思考事業的競爭動態那麼重要。2004年你觀察下面的A、B兩公司時，都會覺得他們的資本報酬率值得贊許。B公司的紀錄雖然不像A公司那麼一致，但絕對是朝正確的方向發展。（參見圖11.6與11.7）

A公司是第一碼頭進口公司（Pier 1 Imports），B公司是熱門話題公司（Hot Topic）。1990年代末期與本世紀初，這兩家零售商的事業蓬勃發展，成長率都不錯，熱門話題以驚人的40%成長，第一碼頭則是以比較穩定的15%成長，兩

圖11.6　A公司

A公司	98	99	00	01	02	03	04	平均
淨利（%）	7.3	7.1	6.1	6.7	6.5	7.4	6.3	—
資產報酬率（%）	12.8	12.3	11.3	12.9	12.5	14.1	11.7	12.5
財務槓桿	1.7	1.6	1.5	1.4	1.5	1.5	1.5	—
股東權益報酬率（%）	21.8	20.2	17.7	17.8	17.9	21.1	21.1	19.2

圖11.7　B公司

B公司	98	99	00	01	02	03	04	平均
淨利（%）	6.4	5.8	8.0	9.0	8.5	7.8	8.4	—
資產報酬率（%）	9.5	10.8	18.3	22.4	20.3	18.9	19.8	17.1
財務槓桿	1.2	1.2	1.3	1.2	1.2	1.3	1.3	—
股東權益報酬率（%）	10.8	12.8	23.3	27.9	24.4	23.4	25.0	21.1

者都有非常優異的資本報酬率。但我們來思考一下他們事業的性質。第一碼頭銷售進口家具與家居用品。熱門話題是別具風格的青少年服飾公司。只要他們管好存貨，掌握消費者的流行趨勢，就有不錯的業績。不過，要肯定地預測這兩家公司長期都維持那麼高的資本報酬率則很勉強，因為消費者幾乎沒有什麼轉換成本。

結果發現，你抱持這樣的懷疑態度是對的。（參見圖 11.8與11.9）

圖 11.8　第一碼頭進口公司

第一碼頭進口公司（PIR）（A公司）	05	06	07	最近12個月
淨利（%）	3.2	−2.2	−14.0	−16.3
資產報酬率（%）	5.6	−3.6	−21.8	−26.3
財務槓桿	1.6	2.0	2.5	2.8
股東權益報酬率（%）	9.1	−6.4	−47.9	−60.5

圖 11.9　熱門話題公司

熱門話題公司（HOTT）（B公司）	05	06	07	最近12個月
淨利（%）	6.0	3.1	1.8	1.8
資產報酬率（%）	14.2	7.8	4.4	4.0
財務槓桿	1.5	1.5	1.4	1.5
股東權益報酬率（%）	19.3	11.5	6.5	6.1

過去幾年，這兩家公司的表現急轉直下，資本報酬率與股價都雙雙暴跌（從2005年初到2007年中，熱門話題的股價腰斬，第一碼頭的股價慘跌75%）。兩家公司面臨一樣的情況：隨著趨勢轉變，消費者不再買他們銷售的東西（對第

一碼頭來說，競爭也變得比較激烈）。零售業是很難經營的
產業，成就來得快，去得也快。

　　雖然這個例子中我是舉零售業者說明，但我也可以輕易
舉小型的科技公司，或是沒有結構性競爭優勢的任何公司為
例。重點在於，除非公司有某種經濟護城河，否則未來它會
創造多少股東價值都是難以預料的事，無論過去的紀錄如何
都是一樣。觀察數字只是一個開始，仔細思考公司競爭優勢
的強度，以及如何抵禦競爭才是重要的下一步。

　　目前，你有區分績優股與不確定股的所有工具了，但你
怎麼知道那些股票目前的價格有沒有吸引力？那是後續兩章
的主題。

結語

1. 想知道公司有沒有護城河，先看過去的資本報酬率。報酬率高表示公司可能有護城河，報酬率低則表示缺乏競爭優勢，除非公司業務已大幅改善。

2. 如果公司過去的資本報酬率高，自問公司將如何維持下去。運用第三到七章所學的競爭分析工具，找出護城河。如果你找不出讓資本報酬率維持在高檔的理由，這家公司可能沒有護城河。

3. 如果你能找出護城河，就思考護城河的強弱以及可維持多久。有些護城河可維持數十年，有些不是那麼持久。

第十二章

護城河值多少

再好的公司，
花太多錢買進都有損投資組合

　　如果投資只需找出有經濟護城河的績優股，在股市中獲利就簡單多了，本書談到這裡也可以結束。但事實上，你買進的股價對未來的投資報酬很重要。這也是為什麼我在簡介的第一頁寫道，投資方法的第二步是：「等這些事業的股價跌到內在價值以下時買進。」

　　評價是很奇怪的東西，我碰過很多非常聰明的投資人，他們可以告訴我他們買了或打算買進某些股票的確切依據，卻無法回答一個簡單的問題：「這檔股票值多少？」同一個人可能為了買車討價還價好幾個小時，或是為了省一加侖幾美分的油錢而多開一英里去加油，但他買股票時，對事業的潛在價值卻只有概略的了解。

　　我想，之所以會有這種現象，是因為評價股票很難，很不確定，即使對專業人士來說也是如此，所以大部分的人乾脆不去多想。畢竟，知道加油站或汽車經銷商有沒有給你好價格比較簡單，因為你知道類似產品的售價是多少。如果某經銷商為一台新的凌志（Lexus）汽車開價四萬美元，其他經銷商是賣四萬兩千美元，由於車子一樣，你可以肯定花四萬美元不會買貴了。但是評價公司時，我們會碰到兩個障礙。

　　第一，每家公司都稍有不同，所以難以比較。成長率、資本報酬率、競爭優勢的強度、還有很多其他因素都會影響

事業的價值，所以兩家公司可能很難做比較。（有些情況下有幫助，本章稍後會進一步說明。）第二，公司的價值和未來的財務表現直接相關，雖然可根據資料做推測，但仍是未知的。也因此，多數人鎖定容易取得的股票資訊（股價），而不是較難取得的資訊（事業價值）。

以上是壞消息。好消息是，你買進股票以前不需要知道公司的確切價值，只需要知道目前的價格**低於**事業**最可能的價值**就行了。那可能聽起來有點含糊，讓我舉例來說明吧。

我注意企業主管委員會的股票好幾年了，2007年夏天，我發現它的股價下跌到前一年的一半。那家公司的銷售與盈餘以每年超過30%的速度成長好幾年了，後來因為很多原因，發展碰到瓶頸，所以銷售成長慢了許多，盈餘成長也降至10%。我做了一些研究，確信這家公司在市場上還有很多成長的空間，我也相信他們的競爭優勢還很強。他們的成長率會重回30%嗎？還是未來成長會比較緩慢，例如15%？我真的不知道，這兩種情境下都很難做股票評價。

那我為什麼會買股票？因為我雖然不確定企業主管委員會的股價值多少，但我的確知道，當時的股價顯示市場假設它有10%的成長率。所以我的任務是判斷公司的成長無法超過10%的機率是多少。根據我的研究，我覺得那是不太可能

的，所以我就買進那檔股票。如果公司恢復15%的成長率，我的投資就有了回饋。如果公司回到20%以上的成長率，我就大賺了。只有公司成長率惡化成個位數時，我才會虧損，我認為出現那情況的機率很低。

在這個例子中，我反向研究股價，觀察目前的市價中納入什麼樣的成長預期。這裡的關鍵重點是：我不需要確切知道未來會怎麼樣，我只要知道未來很可能比現在的市價所暗示的情境更好就行了。以企業主管委員會的例子來說，我覺得它的股票價值介於85到130之間，但我相信股票價值不會低於65（時間會證明我的想法是不是對的）。

估計公司的股票價值是以低於潛在價值買進股票的關鍵，因為為了以低於價值的價格買進，你需要對那個價值有點概念。（聽起來是很簡單，不過你會很意外地發現，很多投資人從未衡量過買進股票的價值。）

公司的價值究竟是多少？

這個問題很簡單扼要，所以以下是簡單扼要的答案：股票的價值是它未來產生的所有現金的現值，就這麼簡單。

我們再來做進一步的分析。公司投入資本，靠那些投資獲利而創造價值。公司產生的現金中，有些拿去支付營業費用，有些重新投入事業中，剩下的就是所謂的「自由現金流量」。自由現金流量常稱爲「業主盈餘」，因爲那眞的是業主在不影響公司的營運下，每年可以從事業中拿走的錢。

把自由現金流量想成每年年底房東所剩的餘額，公寓的房東收到租金（營收），支付房貸與一些年度的修繕費（營業費用），偶爾花點錢換屋頂或換新窗之類的整修（資本支出），剩下的就是他個人的自由現金流量，可以存到銀行帳戶裡，或拿去佛羅里達度假，或用來買另一間公寓。但不管房東用那筆錢來做什麼，那筆錢並不是讓公寓正常運作以賺取租金所需的錢。

我們再以股東的例子繼續說明。試想，對公寓的潛在買家來說，什麼因素會使這棟出租公寓的價值上升或下降。成長一定會讓價值上揚（如果公寓旁有一塊地可以增建更多的公寓，這棟房子的價值就比沒那塊地的房子高，因爲未來可能的租屋收入較多）。租屋收入的風險也是一樣的道理，一棟房子都是租給資深上班族，比都是租給大學生還有價值，因爲房東比較確定，每個月不必花太大的力氣就能收到房租。

　　你也會覺得資本報酬率較高可以增加房子的價值，如果你覺得你可以提高房租，在不做任何投資下獲得更多的收入，那棟房子就比房租不漲的房子更有價值。最後，別忘了競爭優勢，在土地分區規範禁止附近增建新屋之前才蓋的房子，會比周遭有許多新屋競爭的房子更有價值。

　　你剛剛已經學到評價公司時最重要的基本概念：預估的未來現金流量實現的可能性（風險）、現金流量的可能大小（成長）、需要多少投資才能讓事業持續運作（資本報酬率）、事業產生超額獲利的時間有多長（經濟護城河）。使用價格乘數（price multiple）或其他評價工具時，謹記這四項因素，你一定可以做出比較好的投資決定。

投資，不投機

　　評價公司的工具有三種：價格乘數、收益率、內在價值，這三種都是投資工具組的要件。睿智的投資人會用一種以上的工具評估可能的購買標的。我會在下一章中說明價值乘數與收益率。內在價值稍微複雜一點，通常需要用到比較

技術性的現金流量折現模型，有點超出本書的討論範圍＊。

不過，如果我們先稍微離題看驅動股價報酬的因素，會更容易了解價格乘數與收益率。長時間而言，只有兩件因素會影響股價的漲跌，盈餘成長與股利所驅動的**投資報酬**，以及本益比變化所驅動的**投機報酬**。

把投資報酬想成是反映公司的財務績效，把投機報酬想成是反映其他投資人的樂觀或悲觀。股票可能因爲盈餘從每股1元漲到每股1.5元，而使股價由10元漲到15元。也可能因爲盈餘沒變，但本益比從10倍漲到15倍而使股價由10元漲到15元。前例中，股價上漲完全是投資報酬所造成的。後例中，股價上漲都是投機報酬造成的。

當你搜尋投資標的，把焦點放在有經濟護城河的公司時，你是提高潛在的投資報酬，因爲你是找可能長時間創造經濟價值與提高盈餘的公司。

透過密切注意股票評價，你是縮小負面投機報酬的風險，亦即其他投資人觀感改變而損及你投資績效的機率。畢

＊ 註：如果你有興趣學習計算內在價值，我建議你閱讀我寫的另一本投資的書《股票投資獲利的五項準則：晨星的市場致富指南》（*The Five Rules for Successful Stock Investing: Morningstar's Guide to Building Wealth and Winning in the Market*），書中比較深入探討會計與評價面。

竟，沒有人知道未來五或十年，股票的投機報酬是多少，但我們可以根據資料推測投資報酬。仔細評價可以幫你隔絕市場情緒逆轉的風險。

我們來看一個實例。2007年中，微軟在前十年間，每年的每股盈餘平均以16%成長。所以16%是公司十年的平均投資報酬率。但在同一段期間，微軟股價每年只上漲約7%，那表示它的投機報酬必定是負的，才會拉低16%的投資報酬，事實上正是如此。十年前，微軟股票的本益比是50，如今的本益比只有20。

接著我們來比較微軟和生產Photoshop、Acrobat與許多其他影像處理軟體的奧多比。過去十年，奧多比的每股盈餘每年平均以13%成長，這是投資報酬。但股價成長率幾乎是兩倍，每年約24%，因為過去十年奧多比的本益比從17上漲到現在的45，投機報酬大增。

從這裡可以看出，市場觀感的改變（投機報酬）對於投資人在同產業同期間買進成長率大致相同的兩家公司股票，會帶來截然不同的結果。微軟投資人的報酬和大盤差不多，奧多比投資人的獲利則是翻了好幾倍。

奧多比是比較極端的例子。買股票時，預期市場提供龐大的投機報酬是不智的，但是十年前在本益比17倍時買進

股票（相較於微軟的本益比50），奧多比的投資人迴避了過去十年傷及微軟投資人的負面投機報酬風險。奧多比投資人因本益比大漲而受惠可說是天外飛來的橫財。

　　這也是爲什麼評價那麼重要，密切注意評價可以擴大可預測事物（公司的財務績效）對未來投資報酬的影響，並縮減不可預測事物（其他投資人的樂觀或悲觀）的衝擊。況且，誰不喜歡掌握物超所值的標的？

結語

1. 公司的價值等於未來產生的所有現金，就那麼簡單。

2. 影響公司評價的四大因素是公司未來能產生多少現金（成長）、預估現金流量的確定性（風險）、經營事業所需投入的資金（資本報酬率）、公司防禦競爭對手的時間長短（經濟護城河）。

3. 以低價買進股票，可以幫你抵擋市場情勢突然逆轉的衝擊，因為這種方式讓你未來的投資報酬和公司的財務績效更息息相關。

第十三章

評價工具

如何尋找特價的績優股

　　說服你相信評價可確保你的競爭分析為你帶來有利的投資報酬後，我們再來看第一項工具：價格乘數。乘數是大家最常用，也是大家最常**誤用**的評價工具。

　　最基本的乘數是價格對銷售比（price-to-sales, P/S），亦即股票目前的價格除以每股銷售額。價格對銷售比的優點是，幾乎每家公司都有銷售額，即使業務暫時低迷都還是有，所以價格對銷售比對周期性公司，或因碰到困難而暫時出現虧損的公司來說特別有幫助。不過，價格對銷售比的麻煩在於，一元的銷售額可能價值沒多少，也可能價值很高，視該公司的利潤多寡而定。低利潤事業（如零售商）比高利潤事業（軟體業或製藥業）的價格對銷售比低很多。所以不要以價格對銷售比來比較不同產業的公司，否則你會誤以為利潤最低的公司都是便宜的好標的，而高利潤的公司都太貴了。

　　我認為，用價格對銷售比評估利潤暫時受創，或利潤有很大改善空間的公司最有用。切記，高利潤就表示每塊錢銷售的盈餘愈高，價格對銷售比也就愈高。所以，如果你碰到低利潤公司的價格對銷售比和其他低利潤公司相當，但你覺得那家公司可以削減成本，大幅改善獲利時，那可能就是一檔物超所值的股票。

事實上，價格對銷售比有個不錯的效用，是用來找出碰到減速障礙的高利潤公司。以往利潤高但目前價格對銷售比低的公司，可能是因為其他的投資者認為它的獲利下滑是永遠的，所以股價也跟著下跌。如果公司其實可以恢復到以前的獲利水準，這時的股票可能很便宜。這是價格對銷售比比本益比好的地方，因為盈餘未達潛力的股票，本益比較高（因為P/E中的E較低），所以光找低本益比的公司時，就不會發現這些沒人氣的股票。

市帳率

第二種常見的乘數是市帳率（price-to-book, P/B），是比較公司股票的市價及帳面價值（又稱股東權益）。你可以把帳面價值想成代表所有投資在公司裡的實體資本：工廠、電腦、房地產、存貨等等。有些例子中使用帳面價值的原因在於，未來盈餘與現金流量是短暫的，但公司實體擁有的東西則有具體與確定的價值。

以市帳率評價股票的關鍵，在於仔細思考P/B中的B代表什麼。A公司與B公司的一塊錢盈餘或現金流量可能一

樣，但組成帳面價值的東西可能有很大的差異。對資產密集的公司來說（例如鐵道或製造業者），帳面價值代表產生營收的大部分資產，例如火車頭、工廠、存貨。不過，對服務業或科技業來說，產生營收的資產是人、想法、流程，這些通常都不算進帳面價值中。

此外，許多創造經濟護城河的競爭優勢通常不算在帳面價值裡。以哈雷機車（Harley-Davidson）為例，撰寫本書之際，它的市帳率約5，表示公司目前的市值是其工廠、土地、待組機車零件存貨的總淨值的五倍。看起來似乎很高，但是公司的品牌價值並未算進帳面價值中，而且品牌才是幫哈雷賺進25%的營業利潤與40%股東權益報酬率的主因。

帳面價值還有另一點奇怪的地方值得注意，它往往會因為會計上列的商譽而膨脹，商譽是一家公司併購另一家公司時所產生的東西，是被收購公司的有形資產帳面價值與收購價之間的差額。可以想見，對缺乏實體資產的公司來說，商譽可能是很龐大的數字。（美國線上收購時代華納時，合併公司的帳面價值因商譽而增加一千三百億美元。）問題是，商譽不過就是代表收購者想搶在別人之前買進目標的欲望，所以商譽的價值通常是有爭議的，你最好是把商譽從帳面價值中扣掉。通常你看到市帳率好得有點誇張時，那是因為有很

大的商譽拉高了帳面價值。

　　既然有這些缺點，那又何必看帳面價值？因為這個數值對某個產業特別有幫助，那個產業內有扎實競爭優勢的公司比例特別高：金融服務業。金融公司的資產通常流動性很高（想想銀行資產負債表上的貸款），所以很容易計算其價值，這表示金融服務公司的帳面價值通常很接近實際的實體資產價值。唯一要小心的是，金融公司的市帳率異常低時，可能表示帳面價值有問題（可能是因為公司有一些壞帳需要沖銷）。

隨處可見的乘數

　　你現在應該已經猜到，任何價格乘數都有優缺點，最常見的乘數本益比（P/E）當然也不例外。本益比有用，是因為盈餘大約和創造價值的現金流量相當，而且盈餘結果與估計值又可以輕易從很多地方取得。不過，本益比並不單純，因為盈餘可能內含雜訊，再加上單看本益比並沒有多大的意義（除非我們對公司有所了解，或是有比較本益比的標準，否則本益比 14 不好也不壞）。

　　當然，本益比最麻煩的地方是，P（Price）可能只有一個，E（Earnings）可能不只一個。我看過用最近會計年度的收益、目前會計年度的收益、目前曆年的收益、過去四季的收益、下個會計年度的收益預估值所算出的本益比。你應該用哪一種？

　　這是個很難回答的問題，預估的收益值一定要小心使用，這些預估值通常是追蹤該公司的華爾街分析師的共識。很多研究顯示，營運低迷的公司反彈以前，大家共同的預估值通常過於悲觀；績優公司的績效下滑以前，大家往往又過於樂觀。萬一盈餘比預期少25%，原本合理的本益比15就會變成不太合理的20。

　　我的建議是觀察公司在蓬勃發展與低迷時的表現各是如何，想一下未來會比過去好很多、還是差很多，然後自己估計公司在表現普通時可以賺多少。那是評價時最適合採用的本益比基礎，因為(1)那是你自己估的，你知道估計值中納入什麼考量；(2)那是以公司表現普通的時候為基礎，而不是蓬勃發展或最低迷的時候。

　　找到E後，就可以開始用本益比評估了。本益比最常見的用法是和其他標的比較，例如和競爭對手、產業平均、整個市場、或同公司不同時點的本益比相比。只要你不是盲

目計算，記住我稍早前提過影響評價的四大因素：風險、成長、資本報酬率、競爭優勢，這種方法還不錯。

　　同一產業中，本益比比其他業者低的公司可能是不錯的標的，但也有可能它的本益比低是因為資本報酬率較低、未來比較不會有扎實的成長前景、或競爭優勢較弱。比較任一公司的本益比和整個股市的平均本益比時，也會受到同樣的限制。

　　一家本益比20的公司和市場本益比18（截至2007年年中）相比可能有點貴，但如果這家公司是有寬廣經濟護城河、資本報酬率40%、還有扎實成長前景的雅芳（Avon Products）呢？嗯……或許股價並沒有那麼貴。

　　比較公司目前的本益比與過去的本益比時，也要注意類似的情況。投資人常為價值偏低的股票提出以下的買進理由：「目前股價的本益比是十年來的最低點！」（我自己也說過好幾次。）在其他一切都相同下，以往本益比介於30到40之間的股票，現在降到20倍，乍看之下是很便宜，但先決條件必須是在成長前景一樣、資本報酬率一樣、競爭地位一樣的情況下。如果這些屬性有異，那就不是那麼一回事了。畢竟過去的績效不能保證未來的結果。

沒那麼常見，但比較有用

　　最後是談到我最喜歡的價格乘數：以營業現金流量當分母，而不是以收益當分母。這裡我們不深入探討會計的細節，現金流量更能精確呈現出公司的獲利潛力，因為它直接顯示進出事業的現金流量有多少，不像收益還需要經過許多的調整。例如，出版商通常現金流量比收益高，因為大家在還沒收到雜誌前就預付了一年的費用。相反的，以分期付款銷售商品的事業（例如，賣電漿電視的商店）則是收益比現金流量高，因為你買走電視時，商家就記下那筆收益，但他們要等你支付每月的分期帳款時才會收到現金。

　　你可能也猜到了，不必為顧客做任何事，就可以先叫他們付錢，這種方式滿好的。有這種特質的事業（通常是採訂閱方式）通常現金流量比收益高，所以從本益比來看，可能會覺得他們很貴。但是改換價格對現金流量比時，他們的價格看起來就比較合理了。（這類事業通常資本報酬率也高。）例如，上一章提過的企業主管委員會每年的現金流量通常比收益多50%。

　　價格對現金流量比很有用的另一個原因是，現金流量通常比收益穩定一些。例如，企業重整產生的非現金費用或資

產減值通常不會影響到現金流量。此外，現金流量也考慮到資本效率，因為成長需要較少營運資金的公司，通常現金流量高於收益。不過，現金流量沒考慮到折舊，所以資產密集度高的公司，通常現金流量高於收益，這可能會高估他們的獲利，因為那些折舊資產總有一天需要替換。

　　以上就是四種最常見的乘數，也是我們評價工具組中的第一類工具。第二類有用的工具是以收益率為評價基準。這種評價方式很棒，因為我們可以直接拿它們和客觀的標準：債券收益率相比。

注意收益率

　　如果我們把本益比顛倒過來，以每股收益除以股價，就可以算出收益率（earnings yield）。例如，本益比 20（20/1）的股票，收益率是 5%（1/20）。本益比 15（15/1）的股票，收益率是 6.7%（1/15）。2007 年年中，十年期長期公債的利率約是 4.5%，上述兩種股票的報酬率看起來都比債券有吸引力。當然，並不保證一定可以拿到那兩檔股票的投資報酬率，長期公債則有可靠的美國政府當後盾。不過，你是以額

外的風險換取額外的收益：公司的收益通常會隨時間而成長，債券的支付則是固定的，人生充滿了利弊權衡。

我們可以用一種不錯的衡量方式改善收益率的衡量效果：現金報酬率（cash return），亦即你買下公司，還清負債後，留住所有自由現金流量的每年現金收益率。我們再回到上一章的公寓出租例子，你可以把現金報酬率想成租金收入占公寓買價扣除維修費用後的比例。現金報酬率告訴我們，相對於買進整家公司的成本（含債務負擔），公司產生多少自由現金流量。

這個衡量方法可以改善收益率，因為它是看自由現金流量（業主收益），也把負債併入公司的資本結構中考量。要計算現金報酬率，把自由現金流量（營業現金流量扣掉資本支出）加上利息淨支出（利息支出減利息收入）即得出分子。分母稱為「企業價值」，是公司的市值（股權）加長期負債，減資產負債表上的現金。以自由現金流量加利息淨支出除以企業價值，就得出現金報酬率。

以下舉高威定公司（Covidien Ltd.）為例說明，高威定是一家龐大的保健公司，在泰科（Tyco International）崩解前，曾屬於泰科的一部分。2007年，高威定公司產生20億美元的自由現金流量，利息支出是3億，所以分子等於20億

加3億是23億。該公司的市值是200億,長期負債是46億,兩者相加再扣除資產負債表上7億的現金,所以高威定的企業價值是239億。以23億除以239億,就得出現金報酬率9.6%。由於高威定是在幾個前景不錯的保健市場中競爭,現金收入應該還會繼續成長,這個現金報酬率看起來很不錯。

現在你已經有好幾個評價工具可以任你使用了:乘數與收益率。你應該已經知道哪種工具在什麼情況下有用,在什麼情況下沒用了。你如何套用這些工具來判斷股價是不是低於其價值?

簡單的答案是「要非常小心」,詳細的答案是需要練習及大量的試誤,才能熟練辨識價值低估股票的技巧,不過我覺得以下五項祕訣,可以讓你比其他投資人更容易找到這些價值低估的股票。

1. **隨時謹記影響評價的四要件** 風險、資本報酬率、競爭優勢、成長。在其他條件都一樣下,你應該以較低價買進風險較高的股票,以較高價買進資本報酬率高、競爭優勢強、成長前景較好的股票。

切記這些要素會彼此強化,一家公司如果有長期的成長潛力、所需資本投資低、沒什麼競爭對手、風

險合理，它就比另一家有類似成長潛力、但資本報酬率低、競爭前景不確定的公司更有價值。盲目關注本益比對成長比（P/E to growth, PEG）的投資人通常會忽視這個關鍵重點，因為他們忘了資本報酬率高的成長比資本報酬率低的成長更有價值。

2. **使用多樣工具** 如果一種比率或衡量方式顯示這家公司很便宜，再套用另一種方法評估看看。每一種方法得出的結果不一定都一樣，但如果一樣，很可能你就找到真正價值低估的公司了。

3. **要有耐心** 績優股很少跌到好價錢，但就像巴菲特所說的：「投資裡沒有『沒揮棒的好球』。」列出跌到好價格時你想買進的績優股名單，等候股價到達那個水準，然後買進。雖然你不想太挑剔（因為機會也有成本），但舉棋不定時，要謹記一點：**沒賺錢**總是比**賠錢**好。

4. **要堅定** 你應該投資時，很可能全世界都叫你不要投資。新聞上都是正面標題，華爾街一片歡樂時，績優股不會有什麼好價格。新聞不妙、投資人過度反應時，它們才會變得很便宜。其他人都在賣時，你必須買進，要做到這點並不簡單，不過獲利卻很高，這就

是好處所在。

5. **靠自己**　根據自己對公司的研究，比根據名嘴的建議，更能得出比較好的投資決策。理由很簡單，如果你了解公司的經濟護城河來源，你覺得公司的股價低於其價值，成功投資人該做的逆勢操作對你來說就簡單多了。如果你總是聽取別人的情報與建議，自己沒做研究，你會一直質疑那建議究竟好不好，可能會買在高點，賣在低點。

再好的股票以太高的價格買進，都是不當的投資。問一下 1999 或 2000 年買進可口可樂或思科股票的人，當時這兩家公司都是很好的事業，如今也是，但當時股票的評價高到沒有投資出錯或獲利的空間。買股票不注意評價，就像買車不看標價一樣。如果是買車，你至少還可以享受開車的樂趣，但如果股票買貴了，並沒有那種額外的效益。你應該讓評價變成幫你選股的順風，而非逆風。

結語

1. 價格對銷售比對暫時獲利不佳或利潤變差的公司最有用。如果公司有利潤好轉的潛力，價格對銷售比很低，這可能是一檔便宜的股票。
2. 市帳率對金融服務業最有用，因爲金融服務公司的帳面價值最能反映實質的事業價值。不過要特別注意市帳率極低的情況，因爲那可能表示帳面價值很可疑。
3. 隨時注意本益比是用哪個E計算的，因爲預測不見得成眞。最好的E是你自己算的：觀察公司在業績蓬勃與低迷時的表現如何，思考未來可能比過去好還是差，然後自己估算公司在業績普通時的收益是多少。
4. 價格對現金流量比可以幫你找出產生現金多於收益的公司。公司可以先收現金當然最好，但是公司有很多會折舊的實質資產、總有一天需要替換時，這個比率可能會高估獲利。
5. 以收益率爲基礎的評價方式很好用，因爲你可以直接拿收益率和債券等另類投資標的做比較。

第十四章

何時賣出

賣得巧，報酬就高

　　1990年代中期，我碰到一家賣電腦儲存設備的公司，名叫EMC。我爲那檔股票做了一些研究後，判斷它本益比20倍雖然有點貴，但因爲市場對資料儲存的需求很大，再加上EMC有扎實的市場地位，應該可以迅速成長，所以我爲我那小小的投資組合，買進滿大比例的EMC持股。

　　然後我看著股價在三年內從五元攀升到一百元，但一年後又跌回五元。我以很高的價格賣出三分之一的持股，但絕大部分的持股還是看著它跌回低檔。我做了很好的買進決策，但是如果我賣得更巧一點，整體投資報酬會好很多。

　　你問專業投資人，他們覺得投資裡哪一部分最難，大部分的人會告訴你知道賣股時機很難。本章中，我要教大家如何抓賣股時機，因爲對投資報酬來說，在適當時點因適當理由賣股，和買進極具上漲潛力的股票一樣重要。

因適當理由賣股

　　下次要賣股票時，自問以下的問題。只要其中有一題的答案是否定的，就不要賣股。

- 我犯錯了嗎？
- 公司營運惡化嗎？
- 我的錢有更好的投資標的嗎？
- 這檔股票占我投資組合的比例太高嗎？

　　或許最痛苦的賣股理由是因為你看走眼了。但如果你當初分析公司時，誤判某個重要因素，你原本的投資主張可能無法成立。或許你認為管理高層可以扭轉逆境，或出售賠錢事業，結果公司反而決定在那個事業裡投入更多的資金。或許你覺得公司有強大的競爭優勢，結果競爭對手卻開始侵蝕它的市場。也有可能你高估新產品的成果。無論是什麼錯誤，都不太值得繼續抱著買進理由已不存在的股票，你應該認賠殺出，不再留戀。

　　多年前我就是認賠賣了一檔股票，那家公司專門製造商業電影的投影機，市占率很大，營運記錄不錯，那時全美的多廳影院如雨後春筍般設立。可惜，我的成長預期太高，後來多廳影院的榮景不再。戲院業者開始出現財務困難，他們比較擔心付不出舉債的利息，而不是建新的戲院。等我發現這點時，投資已虧損好一部分 ，不過我還是認賠賣了。還好我賣了，因為那檔股票後來跌成水餃股。

在此我應該特別聲明，認賠殺出，說的比做的容易，因爲我們通常會對買進的價格念念不忘，我們都討厭虧損（事實上，很多心理研究證明，即使虧損和獲利的金額相同，虧損的痛苦感卻是獲利歡樂感的兩倍）。這種行爲導致我們注意無關緊要的資訊（我們的買進價格，這對公司未來的前景完全沒有影響），而非比較相關的資訊（例如我們最初對公司未來的評估根本是錯的）。

避免對買進價格念念不忘的一種方法，是每次買進一檔股票時就寫下買進原因，以及你預期公司未來的財務結果大致會如何變化。我講的不是每季盈餘預估，而是大略的預期：你預期業績穩定成長、還是加速成長？你預期利潤走高還是下滑？萬一公司營運惡化，就拿出你的紀錄，確定你當初買進股票的理由是否還成立。如果仍成立，就維持不動或加碼買進。如果不成立了，賣出可能是最好的選擇，**不管是賺是賠**。

第二個賣出理由是公司的基本面大幅惡化，而且看來是不會反彈了。對長期投資人來說，這可能是最常見的賣出理由之一：再好的公司經過多年的蓬勃發展也會遇到瓶頸。你最初評估公司的前景、評價、競爭優勢時，可能完全看對了，而且買進這檔股票也幫你賺了不少，但就像經濟學家凱

因斯所說的：「事實改變時，我也改變心意。」

以下舉的例子是我在晨星追蹤過的一檔股票：蓋蒂影像（Getty Images），他們善用攝影數位轉換的特性，建構龐大的數位影像圖庫，把圖檔賣給廣告公司與其他影像消費者。蓋蒂基本上已經變成業界最大的影像買賣中心，讓攝影者可以輕易上傳影像到圖庫中，也讓影像用戶可以確切找到他們需要的影像。這曾是相當不錯的事業，成長強勁，資本報酬率高，營業槓桿大。

後來發生了什麼事？讓蓋蒂影像蓬勃發展的數位技術變得不是那麼重要了。隨著高畫質數位影像技術的普及，便宜的相機也可以拍出專業的影像。網路上出現愈來愈多的影像網站，販售畫質遜於蓋蒂、但便宜許多的影像（只賣幾塊美元，而不是幾百美元）。對要求不多的使用者來說，這樣的影像就已足夠。再加上網路影像不需要像平面媒體用的影像那麼高畫質，蓋蒂的經濟情況和成長前景也因此大幅惡化。

第三個賣股的原因是你碰到更好的投資標的。身為資金有限的投資人，你總是希望投資可以獲得最高的預期報酬。所以賣出價值有點低估的股票，轉而把握千載難逢的好機會是完全合理的，也是個好主意。當然，這裡還有稅務的考量，新舊股的獲利差距要大到足以支應賣股的賦稅。如果舊

的標的有20%的上揚空間，新的標的有30%的上揚空間，我並不建議換股，不過眞的出現大好機會時，你就需要賣出現有持股，用那筆錢來把握良機。

　　例如，2007年夏末因信用緊縮導致市場暴跌時，金融服務類股一片慘綠，有些股票跌得很合理，但華爾街一如往常，把金融類股不分好壞一律打入冷宮，很多績優股都跌到極低的水準。我通常會在個人帳戶中預留至少5%到10%的現金，以因應這類機會，因爲你永遠不知道市場何時會失去理智。不過這次市場暴跌時，因多項因素，我剛好帳上沒有多少閒錢。所以我開始比較現有持股的上漲可能與華爾街賤賣的一些金融股。結果我賣出一檔持有沒多久、上漲潛力不是很大的股票，用那筆錢買進一檔低於面值的銀行股，而且那家銀行已同意被其他公司以更高價收購，這是一筆很值得的交易。

　　切記，有時候你的資金可能以現金持有是最好的。如果你覺得股價已高估，預期未來的報酬率是負的，即使當下沒有其他更好的投資標的，把它賣掉還是合理的。畢竟，現金的報酬雖有限，總是比負報酬好。當你的持股價格超過它最樂觀的評估價值時，只會產生負報酬而已。

　　最後一個賣股理由也是最好的理由。如果你持有一檔持

續獲利的股票，它的市值已變成你投資組合中的一大部分，縮小部位，降低風險是合理的做法。這是很個人的決定，因為有些人對於集中持股毫不在意（2007年初的某個時點，我的投資組合中只有兩檔股票）。但多數投資人會覺得每檔股票占投資組合的5%左右比較放心。這是你自己的決定，如果一檔股票占你投資組合的10%讓你焦慮不安，即使它看起來仍價值低估，你還是聆聽內心的想法，縮減投資部位比較好。畢竟你的投資組合和你切身相關，如果縮減部位可以讓你更放心，就那麼做吧。

在結束本章之前，我想迅速提醒大家，前述四項賣股理由都和股價變化無關，而是和公司的**價值**有什麼變化，或可能有什麼變化有關。除非事業的價值也下滑，否則因為股價下跌就賣股是絕對不合理的。相反的，因為股價暴漲就賣股也不合理，除非事業的價值沒跟著上揚。

投資人很容易根據股票過去的績效表現而決定何時賣股，但是切記，真正重要的是你預期事業未來的表現如何，而不是它過去的股價表現如何。上漲很多的股票沒有理由下跌，就好像暴跌的股票沒有理由最後一定要反彈一樣。如果你的持股跌了20%，事業也惡化，看來不會好轉了，你乾脆認賠享受賦稅減免。祕訣在於永遠鎖定事業的未來績效，而非股票的過往表現。

結語

1. 如果你分析公司時犯了錯，原先買進股票的理由已不存在，賣出可能是你最好的選擇。

2. 扎實的公司永遠不變是最好，但這種情況很少發生。如果公司的基本面變糟了（不是暫時的），你可能需要賣股。

3. 最優秀的投資人總是在找投資的最佳標的，賣出價值稍微偏低的股票，拿那些錢購買極便宜的績優股是精明的策略。賣出價值偏高的股票，如果當下找不到其他價格不錯的股票，以現金的方式持有資金也是精明的策略。

4. 一檔股票在投資組合中的比例太高時，賣出股票也是合理的，這點依個人的風險承受度而異。

結語
不單是數字遊戲

我愛股市。

我不愛工作報表與聯準會上講得天花亂墜的東西，也不愛每季盈餘報表一出爐就緊湊地討論。這些大都只是雜訊，對個別公司的長期價值幾乎沒什麼影響，我大都不予理會，你也應該這麼做。

每天讓我興奮起床的是，我有機會看到數千家公司都想解決同一個問題：我如何比競爭對手獲利更多？公司可以用多種不同的方法建立競爭優勢，觀察什麼因素區別優秀與卓越的公司是一項永無止盡的有趣過程。

當然，財務上也有不錯的報酬，只要你耐心等候績優股的價格跌到內在價值以下再投資，你就能獲利。關鍵在於了

解，你可以讓投資組合中的公司擔起提高投資報酬的重任。競爭優勢強大的公司可以持續創造20%以上的資本報酬率，那是很少基金經理人可以長時間達到的報酬率＊。公司股票能提供那樣的報酬率時，買進股票就有可能幫我們長期創造大量的財富（尤其是以折價80%的水準買進時）。

關於投資，有一點很多人都沒搞清楚，那就是投資不單只是數字遊戲而已。你的確需要有基本的會計知識才能了解財務報表，但我也認識很多非常聰明的會計師卻不太會分析事業或選股。了解現金流量如何進出公司，以及那流程如何反映在財報上是必要的，卻還不夠。

要成為真正卓越的投資人，你需要廣泛閱讀，各大財金刊物（《華爾街日報》、《財星》、《巴隆》）是不錯的起點，因為它們可以幫你多認識幾家公司。你熟悉的公司愈多，就愈容易比較，找出型態，看出強化或削弱競爭優勢的議題。我認為多閱讀公司的相關資訊，比觀察短期市場變動、總體經濟趨勢或利率預測，更能為你的投資流程增添價值。一份年報的價值相當於聯準會主席的十次演說。

＊註：截至2007年年中，晨星資料庫裡的5000多檔基金裡，只有24檔基金有辦法在過去15年間，創造15%以上的年報酬率，這可不是一項簡單的任務。

　　一旦你把閱讀這些刊物納入投資習慣後，可以進一步閱讀傑出基金經理人的相關書籍，從成功者身上學習投資是一種無可取代的經驗。每季基金經理人寫給股東的信也同樣重要，而且還是免費的。我覺得，基金經理人每季寫的信是大家最沒有善用的投資資源，而且從價格來看，它們的價值絕對比你取得它們的價格還高。

　　最後，有愈來愈多的文獻探討投資人如何做決策，以及那決策流程中為什麼隱藏了偏誤。蓋瑞‧貝斯基（Gary Belsky）與湯瑪斯‧季洛維奇（Thomas Gilovich）寫的《半斤非八兩》（*Why Smart People Make Big Money Mistakes–and How to Correct Them*）、菲爾‧羅森維（Phil Rosenzweig）的《光環效應》（*The Halo Effect*）、傑森‧茨威格（Jason Zweig）的《資金與大腦》（*Your Money and Your Brain*）等書可以幫你了解決策流程中的缺陷，幫你做更精明的投資決策。

　　希望本書提到的概念也能幫你達到同樣的效果。

投資理財156

尋找投資護城河：擴大獲利的選股祕訣
The Little Book That Builds Wealth: The Knockout Formula for Finding Great Investment

作　　者／帕特·多爾西（Pat Dorsey）
譯　　者／洪慧芳
總 編 輯／楊　森
副總編輯／許秀惠
主　　編／陳重亨、金薇華
封面設計／Javick工作室
校　　對／呂佳真
行銷企畫／呂鈺清
發 行 部／黃坤玉、賴曉芳
出 版 者／財信出版有限公司
地　　址／10444台北市中山區南京東路一段52號11樓
訂購專線／886-2-2511-1107分機111　訂購傳真／886-2-2541-0860
郵政劃撥／50052757財信出版有限公司
部 落 格／http://wealthpress.pixnet.net/blog
臉　　書／http://www.facebook.com/wealthpress
製版印刷／前進彩藝有限公司
總 經 銷／聯合發行股份有限公司
地　　址／23145新北市新店區寶橋路235巷6弄6號2樓
電　　話／886-2-2917-8022

初版一刷／2009年3月
二版一刷／2013年1月　定價／250元

國家圖書館出版品預行編目資料

尋找投資護城河：擴大獲利的選股祕訣／
帕特·多爾西（Pat Dorsey）著；洪慧芳譯.
－二版.－臺北市：財信, 2013.01
　　面；　公分.－（投資理財；156）
　　譯自：The Little Book That Builds Wealth: The
　　　　　Knockout Formula for Finding Great Investment
　　ISBN　978-986-6165-73-3（平裝）

　1.股票投資　2.投資分析

563.53　　　　　　　　　　　　　101026449